KLASSIKER
DR. OETKER
VERLAG
SEIT 1891

FAMILIENKÜCHE AUS DEM VORRAT

DIE DR. OETKER GELING-GARANTIE

UNSER VERSPRECHEN

Liebe Leser*innen,

mit den Rezepten in unseren Koch- und Backbüchern möchten wir Sie und Ihre Lieben glücklich machen. Zum Glück braucht es den Erfolg, und den kaufen Sie mit jedem Dr. Oetker Buch gleich mit.

Dafür gibt es die Dr. Oetker Geling-Garantie.
Sie ist unser Versprechen, dass alle Rezepte aus diesem Buch ganz einfach und sicher gelingen. Die Geling-Garantie startet schon bei der Zutatenliste: Alle Zutaten, die wir verwenden, sollten Sie leicht in Ihrem Supermarkt vor Ort einkaufen können. Jeder Zubereitungs-Schritt ist klar und einfach nachvollziehbar.

Eine Garantie können wir Ihnen aber auch deshalb mit gutem Gewissen geben, weil alle Rezepte dieses Buches von unserem erfahrenen Team entwickelt wurden. Anschließend haben wir jedes Gericht in einer ganz normalen Küche nachgekocht oder nachgebacken. Immer wieder. So lange, bis wir uns sicher waren, dass es gelingt. Und zwar auch bei Ihnen zu Hause.

Was wir versprechen, halten wir auch. Sollte beim Kochen oder Backen eines unserer Rezepte dennoch etwas danebengehen oder es Ihnen einfach nicht schmecken, dann lassen Sie es uns wissen. Schreiben Sie oder rufen Sie uns an! Wir werden das Rezept nochmals kritisch prüfen und Ihnen helfen herauszufinden, woran es gelegen haben könnte. Sie erreichen uns unter der Telefonnummer +49(0)89/5482515-0.
Oder schreiben Sie uns eine E-Mail unter:
redaktion-oetker@zsverlag.de

Natürlich freuen wir uns aber auch über weitere Rückmeldungen und auch über Lob. Ihre Ideen, Kommentare und Fragen können Sie jederzeit auch über Facebook posten:
www.facebook.com/Dr.OetkerVerlag.
Wir sind für Sie da. Garantiert.

Mit herzlichen Grüßen
Ihre Dr. Oetker Redaktion

ALLGEMEINE HINWEISE ZU DEN REZEPTEN

UNSER TIPP

Lesen Sie bitte vor der Zubereitung – besser noch vor dem Einkauf – das Rezept einmal vollständig durch. Oft werden Arbeitsabläufe oder -zusammenhänge dann klarer.

ARBEITSSCHRITTE

Die Zutaten sind in der Reihenfolge ihrer Verarbeitung aufgeführt. Die Arbeitsschritte sind einzeln hervorgehoben, in der Reihenfolge, in der sie von uns ausprobiert wurden.

ZUBEREITUNGSZEITEN

Die angegebene Zubereitungszeit schließt die Dauer der Vorbereitung und die eigentliche Zubereitung mit ein. Sie ist ein Anhaltswert und kann je nach individuellem Geschick oder Übung natürlich ein wenig variieren. Längere Wartezeiten wie zum Beispiel Kühl- oder Abkühlzeiten oder auch Auftauzeit sind in der Regel nicht in der Zubereitungszeit enthalten. Einzige Ausnahme: In dieser Zeit sind parallel andere Arbeitsschritte zu tun. Die Garzeiten sind extra ausgewiesen. Bei einigen Rezepten setzt sich die Gesamt-Garzeit aus mehreren Teil-Garzeiten zusammen.

ZUBEREITUNGSZEIT UND GARZEIT

Die in den Rezepten angegebenen Backofentemperaturen und Garzeiten sind Richtwerte, die je nach individueller Hitzeleistung Ihres Backofens über- oder unterschritten werden können. Prüfen Sie nach Beendigung der angegebenen Garzeit, ob das Gericht/Gebäck gar ist. Die Temperaturangaben in diesem Buch beziehen sich auf Elektrobacköfen. Die Temperatur-Einstellungsmöglichkeiten für Gasbacköfen variieren je nach Hersteller, sodass wir keine allgemeingültigen Angaben machen können. Bitte beachten Sie deshalb bei der Einstellung des Backofens die Gebrauchsanleitung des Herstellers. Ein Backofenthermometer eignet sich dabei gut, um die Backofentemperatur im Blick zu haben.

EINSCHUBHÖHE

In den Rezepten in diesem Buch ist die Einschubhöhe immer dann die Mitte des Backofens, wenn nichts anderes angegeben ist.

HINWEISE ZU DEN NÄHRWERTEN

Bei den Nährwertangaben in den Rezepten handelt es sich um auf- bzw. abgerundete ganze Werte. Aufgrund von ständigen Rohstoffschwankungen und/oder Rezepturveränderungen bei Lebensmitteln kann es zu Abweichungen kommen. Die Nährwertangaben dienen daher lediglich Ihrer Orientierung und eignen sich nur bedingt für die Berechnung eines Diätplans.

ABKÜRZUNGEN UND SYMBOLE

EL ..... Esslöffel
TL ..... Teelöffel
Msp. ..... Messerspitze
Pck. ..... Packung/Päckchen
g ..... Gramm
kg ..... Kilogramm
ml ..... Milliliter
l ..... Liter
evtl. ..... eventuell
geh. ..... gehäuft
gem. ..... gemahlen
ger. ..... gerieben
gestr. ..... gestrichen
TK ..... Tiefkühlprodukt
°C ..... Grad Celsius
ø ..... Durchmesser

KALORIEN-/NÄHRWERTANGABEN

E ..... Eiweiß
F ..... Fett
Kh ..... Kohlenhydrate
kcal ..... Kilokalorien

KAPITELREGISTER

AUS DEM TOPF

AUS DEM BACKOFEN

SNACKS

RATGEBER

Sie gehören zu den engagierten, aktiven Familien, denen Genuss und Gesundheit gleichermaßen wichtig sind? Bei denen neben Beruf, Schule und gemeinsamen Aktivitäten leider oft nur wenig Zeit übrig bleibt für das Einkaufen, Vor- und Zubereiten der täglichen Mahlzeiten. Dann sind die Rezepte aus diesem Buch genau für sie gedacht und gemacht!
Wie wichtig es ist, gerade bei einem häufig turbulenten Alltag, sich ausgewogen, gesund und abwechslungsreich aus der eigenen Küche zu ernähren, wird immer mehr Menschen bewusst. Denn nur so gelingt es uns fit zu bleiben, um mit Energie und Spaß all das meistern zu können, was unser heutiges Leben ausmacht.

Wenn für Sie gilt: Lecker muss es sein, selbst gemacht, aber unkompliziert, möglichst aus praktischen Zutaten aus dem Vorrat – dann sind Sie hier richtig!
In diesem Buch haben wir reichlich Ideen für eine kreative, gesunde Küche für Sie zusammengestellt. Wir präsentierten einfache leckere Gerichte, die Zeit sparen und allen schmecken. Nach der Idee: maximaler Geschmack mit minimalem Aufwand. Ganz gleich, ob Sie für die Familie kochen oder auch mal ein unkompliziertes Essen für spontane Gäste auf den Tisch zaubern wollen. Von der Lieblings-Pasta über asiatisch inspirierte Gerichte bis zu leckeren vegetarischen Mahlzeiten, für jeden Geschmack finden Sie hier eine passende Auswahl.
Mit unseren Gerichten können Sie es sich leicht in der Küche machen – und das ohne schlechtes Gewissen, denn die gesparte Zeit ist gewonnene Zeit mit und für die Familie!

Unkomplizierter Genuss – genau das, was wir brauchen!

Das kennt sicher jeder: Nach Stunden voller Power und Konzentration in Haushalt, Schule oder am Arbeitsplatz freuen wir uns auf ein gutes gesundes Essen, das dem Körper neue Energie verschafft und der Seele schmeichelt. Vor dem gemeinsamen Genuss am Tisch stehen aber noch Organisation des Einkaufs und die Zubereitung. Entspannt darangehen kann, wer das alles bereits geschickt vorbereitet hat und dann nur noch wenige Handgriffe erledigen muss. Denn was man im Alltag wirklich braucht, ist ein unkomplizierter Genuss, der schnell aufgetischt werden kann.

Klingt alles ganz schön und gut, aber in Ihrer Familie gestaltet sich der Tagesablauf oft kompliziert? Häufig ist in der Woche ein gemeinsames Essen tagsüber gar nicht möglich und erst nach einem langen Arbeitstag ist Zeit für ein Essen mit entspannten Momenten.
Kein Problem, denn das besondere an unseren Rezept-Ideen ist, dass sie
1. theoretisch komplett aus Ihrem vorhandenen Vorrat bestückt werden können, also ein Einkauf nicht nötig ist, und
2. die Arbeit in der Küche in den meisten Fällen in maximal 30 Minuten erledigt sein kann.

Trotzdem können Sie sich und Ihre Liebsten mit rasant gemachten Lieblings-Pasta-Rezepten, Blitz-Suppen oder Eintöpfen, Salaten, sättigenden Snacks, Pfannen- und Topfgerichte oder Gerichten aus dem Backofen verwöhnen.

Genial, schnell und vielfältig – der Vorrat macht's möglich

Der einfache, aber effektive Trick: mithilfe unserer cleveren Übersicht stellen Sie für ihren Haushalt zunächst einen Zutaten-Vorrat zusammen. So ausgestattet starten Sie gelassen in den Alltag. Denn die gelagerten Zutaten aus Vorrats- oder Tiefkühlschrank können geschickt und immer wieder neu zu vielfältigen, stets leckeren Mahlzeiten kombiniert werden. Dank unserer einfach gehaltenen Rezept-Ideen steht alles in kurzer Zeit auf dem Tisch.
Die Lebensmittel für den Lager-Vorrat haben wir so ausgewählt, dass sie sicher und ohne Probleme – einige sogar über Monate – ohne Qualitäts- und Geschmacksverlust auf ihren Einsatz warten können.

Einen clever und gut sortierten Lebensmittel-Vorrat an Grundzutaten anzulegen, auf den Sie im Bedarfsfall einfach zugreifen können, ist leicht umzusetzen. Wer etwa einmal monatlich einen etwas größeren Einkauf plant, kann die überwiegend benötigten Zutaten stets griffbereit auf Lager haben. In diesem Sinne bewusst und gezielt einkaufen, bietet einen Mehrfachnutzen. Mit überall und leicht erhältlichen Zutaten lässt sich preisgünstig und abwechslungsreich kochen, beim Einkauf sparen Sie zudem reichlich Zeit und Nerven. Lebensmittelreste entstehen erst gar nicht, nachhaltig kochen und genießen wird zur Selbstverständlichkeit. Alles, was Sie dafür benötigen und wie das funktioniert, finden Sie in unserer praktischen Übersicht.

Die ausgewählten Zutaten sind in der Regel lange haltbar, haben kurze Garzeiten und sind unkompliziert in der Zubereitung. Einige dieser Lebensmittel sind so konserviert, dass sie sogar mehrere Monate/z. T. auch Jahre (z. B. Konserven, im Glas Eingekochtes) ohne Qualitätsverlust gelagert werden können. Einige wiederum sollten besser gekühlt und dunkel gelagert werden, obwohl sie z. B. eingeschweißt sind. So sind sie dann aber auch mehrere Wochen haltbar (z. B. Feta, Wurstwaren, Speck, Hartkäse).
Leider kann man in der Hektik des Alltags dann doch mal den Überblick verlieren. Deshalb bitte stets vor Verwendung, auch bei Konserven und Vorrats-Lebensmitteln, zunächst das Mindesthaltbarkeits-Datum prüfen. Entsorgen Sie, im Sinne der Nachhaltigkeit, Lebensmittel bitte nicht einfach unbedacht. Auch, wenn das Mindesthaltbarkeit bereits überschritten ist. Bei korrekter Lagerung sind viele Lebensmittel deutlich länger haltbar, als das von den Herstellern aufgedruckte Datum angibt. Nehmen Sie aber alles stets kritisch in Augenschein und prüfen Sie den Geruch. Reste von angebrochenen Packungen (Pasta, Reis, Nährmittel) stets gut verschlossen aufbewahren, bzw. in fest verschließbare Gläser oder Kunststoff-Dosen umfüllen. Angebrochene Gläser/Packungen von Senf, Pesto, Saucen, Wurst, Käse, Milchprodukten usw. abgedeckt kühl stellen und anschließend dann möglichst zügig verbrauchen.

Ihr Clever-Vorrat

Basis-Lebensmittel

- Mehl
- Zucker
- Nährmittel wie Bulgur, Couscous, Polenta (Maisgrieß), Weizengrieß, Haferflocken
- Semmelbrösel
- Pasta (Lieblings-Pasta, Spätzle, Wok-Nudeln, Glasnudeln usw.)
- Reis (gibt es auch in Schnellkoch-Varianten und bereits gegart im Vakupack!)
- feine getrocknete Linsen (ohne Einweichzeit und mit kurzer Garzeit; z. B. rote Linsen, Beluga-Linsen)
- Kartoffelpüree-Pulver
- Aufback-Brot/-Brötchen (z. B. Baguette, Burger-Brötchen, Pide-Brotfladen; Baguettes, Brötchen, Laugengebäck gibt es sowohl länger haltbar eingeschweißt, als auch tiefgekühlt)
- Wrap-Fladen (Brotregal)

Konserven/Tiefkühlkost

- Würstchen (eventuell auch Würstchen-Alternativen aus vegetarischen Zutaten)

Gemüsekonserven
- Tomaten (Dose – stückig oder im Ganzen)
- Sauerkraut (Dose oder Packung)
- weiße Bohnenkerne, Kidneybohnen (Dose)
- Gemüsemais (Dose)
- eingelegte Rote Bete (Glas)
- Gewürzgurken (Glas)
- Artischockenherzen (Dose oder Glas)
- gemischte Pilze (Dose oder Glas)
- Oliven (Glas)
- eingelegte Paprika (Glas)
- getrocknete in Öl eingelegte Tomaten (Glas)
- Fischkonserven (Bio-Thunfisch; naturell oder in Öl eingelegt)

Tiefkühlprodukte
- TK-Erbsen
- TK-Gemüse-Mischungen nach Geschmack
- TK-Zwiebel- und Kräuter-Mischungen
- TK-Beerenmischung
- TK-Kartoffelpuffer oder -Rösti
- TK-Fischfilet

Würzmittel/Diverses

- Tomatenmark
- Senf
- Pesto (Glas)
- Mayonnaise/Remoulade
- Meerrettich
- Ketchup
- Sojasauce
- Zitronensaft (Fläschchen)
- Honig oder alternatives pflanzliches Süßungsmittel
- Essig und Öl
- eingelegte Kapern und Sardellen (aus dem Glas)
- Röstzwiebeln
- ein Stück Parmesankäse (ersatzweise bereits geriebener Parmesan/Hartkäse in der Tüte)
- Schmelzkäse
- vegetarischer und oder veganer Aufstrich
- haltbare Milch, Sahne, Schmand, Crème fraîche, Frischkäse
- Feta
- Dauer-Wurstwaren (wie z. B. Kabanossi, Bacon, Schinkenwürfel)
- Instant-Brühe (auch vegetarisch, evtl. auch vegan)
- Saucenpäckchen und Sauce aus dem Glas/Tetrapack (z. B. Sauce hollandaise; Sauce bolognese)
- Asia-Sauce/Chili-Sauce
- Currypulver mild oder scharf, je nach Vorliebe
- getrocknete Kräuter der Provence
- Geröstete Erdnüsse
- eingeschweißte Tofustücke (z. B. aus dem Naturkostladen oder der Naturkost-Abteilung im Supermarkt)

- pflanzliche Drinks und Cremes (z. B. Hafer- oder Mandeldrink, Sojadrink, Pflanzencreme zum Kochen)
- Kokosmilch (aus Dose oder Tetrapak)

Außerdem

Perfekt, wenn sich auch diese Zutaten in Ihrem Kühlschrank/Haushalt befinden:

- Eier
- Zwiebeln
- Lagerkartoffeln
- Bacon/Frühstücksspeck

Gesunde Alltags-Küche – einfacher als Sie denken

Wenn es um gesunde Ernährung geht, scheint es oft schwierig, geradezu illusorisch, allem gerecht zu werden. Auch, weil immer neue, zum Teil selbst ernannte, Ernährungs-„Gurus" uns ins Gewissen reden. Unser Tipp: Locker lassen! Auch wenn nicht jeden Tag saisonal und regional geerntetes und frisch zubereitetes Gemüse auf dem Tisch steht, kann man sich gesund und abwechslungsreich ernähren. Für alle, die nicht so viel Zeit ins Kochen investieren können, gibt es Gemüse, Beilagen, auch Fisch und Fleisch-Zutaten schon komplett küchenfertig vorbereitet in bester Qualität zu kaufen. Ob tiefgekühlt oder als Konserve, als Halbfertig-Produkt oder einfach nur zum Erwärmen. Eben praktisch gemacht, für die schnelle Zubereitung und unkomplizierten Genuss.

Wer ausreichend Stauraum in einer Tiefkühltruhe hat, kann sich einen besonders vielfältigen Vorrat anlegen, der frischen Zutaten häufig in nichts nachsteht. Eine Auswahl an tiefgekühltem purem Gemüse und fertig abgeschmeckten Gemüsemischungen sollten Sie stets vorrätig haben. Damit lässt sich im Handumdrehen eine leckere Suppe oder ein unkomplizierter Auflauf mit knuspriger Käsekruste zaubern. Damit können Sie nicht nur Kinder begeistern.

Wer besonderen Wert auf gesunde Inhaltsstoffe legt, liegt hier auch richtig: Studien belegen, dass Produkte aus der Tiefkühltruhe oder Gemüse aus der Konserve (z. B. Tomaten) in Sachen Vitamine und Mineralstoffe mit frisch Geschnippeltem durchaus mithalten können. Zum Teil schneiden sie sogar besser ab als frisch zubereitetes Gemüse, das zu lange oder falsch gelagert bzw. verkocht wurde.
Unser Extra-Tipp bei tiefgekühlten Produkten: Achten Sie beim Einkauf auf Abpackungen, bei denen man die Produkte auch portionsweise entnehmen kann. Das ist sehr praktisch, wenn Sie auch mal kleinere Portionen zubereiten möchten und reduziert auf Dauer Verpackungsmüll.

Gemüse im Glas oder aus Konserven sind häufig eine Alternative. Tomaten, Sauerkraut, Rotkohl oder Rote Bete lassen sich vielfältig für schnelle Gerichte einsetzen. Bei einigen anderen Gemüsesorten aus der Konserve leidet leider durch das Einkochen der Geschmack.

Nutzen Sie auch weitere praktische und hochwertige Convenience-Produkte geschickt für Ihre Küche: Jeder gut sortierte Lebensmittelmarkt führt mittlerweile vorgegarten Reis und zum Beispiel auch Hülsenfrüchte, die einfach in der Mikrowelle erhitzt werden können. Die Produkte sind zum Beispiel in Vakuumbeuteln verpackt auch länger lagerfähig und immer griffbereit. Als gesunde Kohlenhydrat- und besonders pflanzliche Eiweiß-Quellen sind sie auch für alle, die auf Fleisch verzichten, ein wichtiger Bestandteil für eine ausgewogene Ernährung.
Auch mineralstoffreiche und sättigende Getreide-Beilagen, wie Instant-Couscous oder Bulgur sind prima Alternativen und haben zum Beispiel gegenüber Kartoffeln als Beilage einen entscheidenden Vorteil: Das Vorbereiten entfällt fast vollständig. Einfach nur kochen und anrichten, das war's. Wer dann gleich eine doppelte Portion zubereitet, hat für den nächsten Tag eine perfekte Basis, aus der sich z. B. ein Salat zubereiten lässt oder eine Beilage, die in Sekundenschnelle in der Mikrowelle erhitzen werden kann. Ebenso schnell sind auch beliebte Pasta-Spezialitäten aus dem Frische-Pack (Kühlregal), wie etwa gefüllte Ravioli oder Tortellini, Gnocchi oder Maultaschen serviert. Schneller lässt sich kaum etwas Leckeres auftischen, denn sie müssen nur etwa 3 Minuten erhitzt werden (frische Maultaschen etwa 10 Minuten). Mischen Sie einfach ein Pesto aus dem Glas oder etwas haltbare Sahne darunter und schon schwelgen Ihre Familie oder Gäste wie im Urlaub in „Bella Italia".

So gerüstet, bereitet es keinen Stress, sogar jeden Tag etwas aus eigener Küche zu servieren. Und wenn sich doch mal ein zusätzliches Zeitfenster auftut und es für Sie gerade passt, stücken Sie ihren Basis-Vor-

Im Ganzen gelagert, lassen sich neben Zwiebeln und Lagerkartoffeln zum Beispiel viele Wurzel- und Knollengemüse, wie etwa Knollensellerie, Steckrübe, Rote Bete, die meisten Kohlsorten, Kürbis und auch Pastinaken über einige Monate gut frisch halten. Vorausgesetzt, sie werden trocken, dunkel und kühl (z. B. im Gemüsefach des Kühlschranks; außer Kartoffeln und Zwiebeln) verwahrt.
In einem gesunden Vorrat sollten natürlich auch gut lagerfähiges Obst wie Äpfel oder Birnen aus heimischem Anbau nicht fehlen.

Achten Sie dabei bitte darauf, Äpfel, Birnen und Kartoffeln stets getrennt von anderen Lebensmitteln zu lagern. Denn Kernobst wie auch Kartoffeln dünsten ein Reifegas (Ethylen) aus, das auch andere Gemüse- und Obstsorten bzw. Früchte rascher reifen und damit gegebenenfalls auch verderben lässt.

rat mit frischen Zutaten auf, ganz entspannt z. B. aus dem klassischen Supermarkt, vom Metzger oder bei mehr Zeit und Muße vom Wochenmarkt. Wählen Sie ein Gericht aus, das sich mit ein paar frisch gekauften Zutaten (etwa Tomaten, Gurke, Salat, Paprika oder frischen Früchten) als Genuss- und Vitamin-Extra toppen lässt. Auch mit nur einem kurzen Shopping-Stop auf dem Heimweg vom Büro oder Sport lässt sich das mal rasch erledigen.

Von der Natur für unseren Küchen-Vorrat gemacht

Wenn die Zeit es zulässt, bereiten Sie sich gern selbst Gemüse oder Obst aus dem Vorrat zu? Wer genauer hinschaut, wird feststellen, dass die Natur schon viele Gemüsesorten bereits perfekt für die Lagerhaltung vorgesehen hat. Nutzen Sie diese natürlichen Gesund- und Genuss-Ressourcen für sich.

Haben wir Ihnen Lust gemacht auf die neue Art zu kochen, die so perfekt auf moderne Bedürfnisse abgestimmt ist? Gut so, denn wir möchten Sie mit diesem Buch inspirieren, sodass Sie jeden Tag mit Genuss und Spaß für ihre Lieben und das eigene Wohlbefinden im Handumdrehen Köstliches auf den Tisch zaubern können.

SUPPEN UND EINTÖPFE

Seite 12–41

Suppe oder Eintopf gehen immer, ob warm zu jeder Jahreszeit oder kalt im Sommer. Sie schmeicheln dem Magen und sind Hauptgericht oder Vorspeise.

BLUMENKOHL-KOKOS-SUPPE MIT CRUNCH

VEGETARISCH

ZUBEREITUNGSZEIT:
10 Minuten
GARZEIT:
12–14 Minuten

ZUTATEN FÜR 4 PORTIONEN

FRISCH EINKAUFEN:
200 g Cocktailtomaten

AUS DEM VORRAT:
3 EL Speiseöl
75 g TK-Zwiebel-Mix
1–2 Knoblauchzehen
500–600 g TK-Blumenkohlröschen
ger. Muskatnuss
evtl. etwas geschroteter Chili
260 g abgetropfte Kichererbsen (aus der Dose)
400 ml Kokosmilch (aus der Dose, evtl. fettreduziert)
400 ml Instant-Gemüsebrühe

3 Scheiben (etwa 165 g) Pumpernickel
2 EL Butter
150 g TK-Erbsen
3–4 EL Limettensaft

PRO PORTION:
E: 17 g, F: 30 g, Kh: 39 g, kcal: 529

1 Das Speiseöl in einem Topf erhitzen. Die gefrorenen Zwiebelwürfel darin unter Wenden goldbraun braten. In der Zwischenzeit Knoblauch abziehen, durch eine Knoblauchpresse zu den Zwiebelwürfeln drücken und kurz mit anbraten.

2 Die gefrorenen Blumenkohlröschen ebenfalls zu den Zwiebelwürfeln in den Topf geben. Mit Salz, Pfeffer, Muskat und evtl. etwas Chili würzen. Kichererbsen hinzugeben und alles mit Kokosmilch und Brühe ablöschen. Die Zutaten zum Kochen bringen und zugedeckt bei schwacher Hitze 12–14 Minuten kochen lassen. Dabei gelegentlich umrühren.

3 Inzwischen Pumpernickelscheiben zerbröseln. Butter in einer Pfanne zerlassen, die Pumpernickelbrösel darin unter Wenden knusprig braten. Mit etwas Salz würzen. Cocktailtomaten abspülen, trocken tupfen, halbieren und die Stängelansätze entfernen.

4 In den letzten 3–4 Minuten der Kochzeit die Erbsen unter die Suppe rühren, alles wieder aufkochen und noch kurz kochen lassen. Die Suppe mit Salz, Pfeffer, Muskat und Limettensaft abschmecken.

5 Die Suppe in tiefen Tellern oder Bowls verteilen, mit Cocktailtomaten und Pumpernickel-Crunch anrichten.

TIPP:
Sie können die Suppe auch mit Croûtons aus altbackenem Brot bestreuen.

POLENTA-GEMÜSESUPPE MIT KASSELERSTREIFEN

ZUBEREITUNGSZEIT:
25 Minuten
GARZEIT:
etwa 13 Minuten

ZUTATEN FÜR 4 PORTIONEN

FRISCH EINKAUFEN:
8 Scheiben magerer Kasseler-Aufschnitt (etwa 50 g)

AUS DEM VORRAT:
2 Knoblauchzehen
4 Zwiebeln
200 g Kartoffeln
2 TL Olivenöl
300 g TK-Suppengemüse
1 l heiße Instant-Gemüsebrühe
2 Lorbeerblätter
60 g Instant-Polenta (Maisgrieß)
200 g haltbarer Frischkäse
4 EL TK-Petersilie

PRO PORTION:
E: 16 g, F: 24 g, Kh: 28 g, kcal: 392

1 Knoblauch und Zwiebeln abziehen und in kleine Würfel schneiden. Kartoffeln schälen, abspülen, abtropfen lassen und klein würfeln.

2 Olivenöl in einem Topf erhitzen. Knoblauch- und Zwiebelwürfel darin andünsten. Kartoffelwürfel und TK-Gemüse hinzugeben, unter Rühren kurz mit anbraten. Die heiße Brühe hinzugießen, mit etwas Salz, Pfeffer und den Lorbeerblättern würzen, zum Kochen bringen. Das Gemüse zugedeckt etwa 10 Minuten bei schwacher Hitze kochen lassen.

3 Polenta unter Rühren in die Suppe streuen, auf der ausgeschalteten Kochstelle weitere etwa 3 Minuten ziehen lassen. Den Frischkäse unterrühren. Die Gemüsesuppe nochmals abschmecken.

4 Kasselerscheiben in feine Streifen schneiden.

5 Die Gemüsesuppe mit Kasselerstreifen und Petersilie anrichten.

BEILAGE:
Ofenfrisches Baguette.

TIPPS:
Statt des TK-Suppengemüses können Sie auch eine andere TK-Gemüsemischung nach Geschmack (z. B. Gemüsemix französische Art) verwenden. Die Suppe schmeckt natürlich auch ohne Kasselerstreifen serviert sehr lecker. Alternativ können Sie auch einfach z. B. Röstzwiebeln (aus der Packung) oder einen Nuss-Kernmix (z. B. Salat-Topping) aufstreuen.

MAULTASCHENSUPPE

ZUBEREITUNGSZEIT:
20 Minuten

ZUTATEN FÜR 4 PORTIONEN

FRISCH EINKAUFEN:
4–8 Maultaschen (aus dem Kühlregal, z. B. mit Gemüse- oder Fleischfüllung; 300–600 g; alternativ aus dem Vakupack/Vorrat)
3 mittelgroße Tomaten

AUS DEM VORRAT:
20 g Butter oder Margarine
200 g TK-Lauch
1 TL ger. Thymian
evtl. 1 Lorbeerblatt
1 l heiße Instant-Gemüsebrühe
3 EL TK-Schnittlauchröllchen

PRO PORTION:
E: 12 g, F: 15 g, Kh: 34 g, kcal: 319

1 Für die Brühe Butter oder Margarine in einem Topf zerlassen. Lauch direkt aus der Packung/Tüte, Thymian und Lorbeerblatt hinzugeben und bei hoher Temperatur kräftig anbraten. Gemüsebrühe zugießen und aufkochen lassen, mit Pfeffer würzen.

2 Für die Einlage Maultaschen in die Suppe geben und bei schwacher Hitze etwa 8 Minuten ziehen lassen. Die Suppe sollte nicht mehr kochen.

3 Inzwischen Tomaten kreuzweise einschneiden und mit kochendem Wasser übergießen. Nach 1–2 Minuten herausnehmen und mit kaltem Wasser abschrecken. Tomaten häuten und die Stängelansätze herausschneiden. Tomaten vierteln, entkernen und in Würfel schneiden.

4 Tomatenwürfel zur Suppe geben und kurz mit erhitzen. Die Suppe mit Salz und Pfeffer abschmecken.

5 Maultaschensuppe in tiefe Teller geben und mit Schnittlauchröllchen bestreut servieren.

SALSA-SUPPE

VEGETARISCH

ZUBEREITUNGSZEIT:
25 Minuten
GARZEIT:
etwa 10 Minuten

ZUTATEN FÜR 4 PORTIONEN

FRISCH EINKAUFEN:
1 Bund Frühlingszwiebeln

AUS DEM VORRAT:
1 EL Speiseöl
etwa 15 g Weizenmehl
½ l Instant-Gemüsebrühe
250 ml Tomaten-Chili-Sauce, z. B. Texicana Salsa
200 g Ajvar (aus dem Glas, Paprikapaste)
250 g abgetropfte Kidneybohnen (aus der Dose)
140 g abgetropfter Gemüsemais (aus der Dose)
2 EL TK-Petersilie

PRO PORTION:
E: 11 g, F: 8 g, Kh: 39 g, kcal: 289

1 Die Frühlingszwiebeln putzen, abspülen, abtropfen lassen und in Scheiben schneiden.

2 Speiseöl in einem Topf erhitzen. Frühlingszwiebelscheiben darin andünsten. Mit Mehl bestäuben, mit Gemüsebrühe ablöschen und glatt rühren.

3 Tomaten-Chili-Sauce, Ajvar, Kidneybohnen und Mais nacheinander in die Suppe geben und unter Rühren zum Kochen bringen. Dann die Suppe etwa 10 Minuten köcheln lassen. Mit Salz und Pfeffer würzen.

4 Die Salsa-Suppe mit Petersilie bestreuen und servieren.

TIPPS:
Statt mit Kidneybohnen können Sie die Suppe auch mit anderen Hülsenfrüchten zubereiten, z. B. mit gegarten Tellerlinsen oder Kichererbsen. Alternativ die Suppe nur mit Ajvar und Gemüsemais kochen und zusätzlich 1 Beutel Schnellkochreis garen. Reis zur Suppe reichen.

MINESTRONE MIT ZARTWEIZEN

VEGETARISCH

ZUBEREITUNGSZEIT:
15 Minuten
GARZEIT:
etwa 15 Minuten

ZUTATEN FÜR 4 PORTIONEN

AUS DEM VORRAT:
2 Knoblauchzehen
3 EL Olivenöl
75 g Zwiebelwürfel (TK oder frisch)
350 g festkochende Kartoffeln
650 ml Instant-Gemüsebrühe
evtl. 1 Lorbeerblatt
1 TL getrocknete italienische Kräuter
80 g vorgegarte Weizenkörner/ Zartweizen (Ebly)
275 g passierte Tomaten (Tetrapak)
140 g abgetropfter Gemüsemais (aus der Dose)
150 g TK-Erbsen

250 g H-Schmand (Sauerrahm)
2 EL gehacktes Basilikum (TK oder frisch)

PRO PORTION:
E: 13 g, F: 24 g, Kh: 46 g, kcal: 461

1 Knoblauch abziehen und fein würfeln. Olivenöl in einem großen Topf erhitzen. Zwiebel- und die Hälfte der Knoblauchwürfel darin unter Rühren andünsten. In der Zwischenzeit Kartoffeln schälen, abspülen, abtropfen lassen, in etwa 2 cm große Würfel schneiden, zu den Zwiebel- und Knoblauchwürfeln in den Topf und mit andünsten.

2 Brühe hinzugießen und zum Kochen bringen. Mit Lorbeerblatt, etwas Salz, Pfeffer und getrockneten Kräutern würzen und zugedeckt etwa 10 Minuten kochen lassen.

3 Weizenkörner nach etwa 5 Minuten Garzeit zu den Kartoffelwürfeln geben, untermischen und weiter etwa 5 Minuten kochen lassen.

4 Dann die passierten Tomaten hinzugeben und alle Zutaten nochmals etwa 5 Minuten unter gelegentlichem Rühren kochen lassen. In den letzten 2–3 Minuten der Kochzeit Mais und Erbsen hinzugeben und alles fertig garen.

5 In der Zwischenzeit Schmand mit Salz, Pfeffer und restlichen Knoblauchwürfeln verrühren. Basilikum unter den Schmand rühren und abschmecken.

6 Den Eintopf nochmals mit den Gewürzen abschmecken, in tiefen Tellern oder Bowls verteilen. Je einen Klecks Basilikum-Schmand daraufgeben und anrichten.

ERBSENSUPPE

VEGETARISCH

ZUBEREITUNGSZEIT:
25 Minuten

ZUTATEN FÜR 4 PORTIONEN

AUS DEM VORRAT:
1 Zwiebel
2 EL Butter oder Margarine
500 g TK-Erbsen
150 g TK-Suppengemüse
500 ml Instant-Gemüsebrühe
Saft von ½ Zitrone
200 g H-Schlagsahne
ger. Muskatnuss
evtl. einige EL Kartoffelpüree-Flockenpulver
4–6 TL haltbare Crème fraîche, z. B. mit feinen Kräutern

PRO PORTION:
E: 11 g, F: 27 g, Kh: 22 g, kcal: 386

1 Zwiebel abziehen und in kleine Würfel schneiden. Butter oder Margarine in einem Topf zerlassen. Die Zwiebelwürfel darin glasig dünsten. Gefrorene Erbsen und gefrorenes Suppengemüse hinzugeben, unter Rühren kurz mit andünsten.

2 Gemüsebrühe, Zitronensaft und Sahne hinzugießen. Mit Salz, Pfeffer und Muskat würzen. Die Zutaten zum Kochen bringen und etwa 10 Minuten bei schwacher Hitze kochen lassen.

3 Nach Belieben einige Erbsen aus der Brühe nehmen und beiseitelegen. Die restlichen Erbsen mit dem Suppengemüse in der Brühe fein pürieren. Nach Belieben etwas Kartoffelpüree-Flockenpulver in die Suppe rühren, bis eine feine Bindung entstanden ist. Die Cremesuppe etwa ½ Minute unter Rühren kochen lassen. Evtl. beiseitegelegte Erbsen wieder hinzugeben. Mit Salz, gemahlenem Pfeffer und Muskat abschmecken.

4 Die Suppe in tiefen Tellern verteilen und mit je einem Klecks Crème fraîche garnieren.

TIPPS:
Der Klassiker als Einlage zur Erbsensuppe sind Wiener Würstchen. Die feine, frische Erbsencremesuppe schmeckt aber auch mit einem weichen Ei oder geräucherten Lachsstreifen.
Besonders praktisch: Wenn nicht alle zur gleichen Zeit essen können, lässt sich diese Suppe in Portionen zugedeckt in der Mikrowelle erwärmen.

TOMATENSUPPE MIT MOZZARELLA-KUGELN

VEGETARISCH

ZUBEREITUNGSZEIT:
25 Minuten
GARZEIT:
etwa 15 Minuten

ZUTATEN FÜR 4 PORTIONEN

FRISCH EINKAUFEN:
150 g Mini-Mozzarella-Kugeln

AUS DEM VORRAT:
1 Zwiebel
1 Knoblauchzehe
2 EL Olivenöl
800 g passierte Tomaten (Tetrapak)
375 ml Instant-Gemüsebrühe
¼ TL Cayennepfeffer
1 Lorbeerblatt
½ TL gerebelter Oregano

evtl. einige vorbereitete Basilikumblättchen zum Garnieren

PRO PORTION:
E: 9 g, F: 14 g, Kh: 9 g, kcal: 194

1 Zwiebel und Knoblauch abziehen. Zwiebel fein würfeln. Knoblauchzehe zerdrücken oder ebenfalls fein würfeln.

2 Das Olivenöl in dem Topf erhitzen. Zwiebelwürfel und Knoblauch darin unter Rühren andünsten. Die passierten Tomaten hinzufügen und etwa 5 Minuten unter Rühren köcheln.

3 Gemüsebrühe, Zucker, Salz, Pfeffer, Cayennepfeffer, Lorbeerblatt und Oregano hinzufügen, alles zum Kochen bringen und etwa 10 Minuten bei schwacher Hitze mit Deckel köcheln lassen. Dann das Lorbeerblatt entfernen.

4 Die Suppe nach Belieben mit dem Pürierstab pürieren, nochmals aufkochen lassen und mit den Gewürzen abschmecken.

5 Die Mini-Mozzarella-Kugeln abtropfen lassen. Die Suppe mit den Mozzarella-Kugeln und nach Belieben mit Basilikumblättchen anrichten.

TIPPS:
Statt mit frischem Basilikum die Suppe mit etwas Basilikumpesto (aus dem Glas) verfeinern.
Die Suppe lässt sich auch gut zur Tomatensauce (z. B. für Nudelgerichte, für 6–8 Portionen) einkochen. Dafür die Suppe etwa 15 Minuten ohne Deckel bei mittlerer bis hoher Hitze einkochen lassen, dabei gelegentlich umrühren.

KARTOFFELSUPPE MIT SCHINKEN-CHIPS

ZUBEREITUNGSZEIT:
15 Minuten, ohne Abkühlzeit
GARZEIT:
10–12 Minuten

ZUTATEN FÜR 4 PORTIONEN

FRISCH EINKAUFEN:
8 Scheiben magerer geräucherter Schinken (etwa 100 g), z. B. Schwarzwälder-Schinken

AUS DEM VORRAT:
2 EL Sonnenblumenöl
2 große Zwiebeln
500 g mehligkochende Kartoffeln
1 TL getr. Thymian
1 l Instant-Gemüsebrühe
200 g H-Schlagsahne
evtl. etwa 4 EL Meerrettich (aus dem Glas)

PRO PORTION:
E: 13 g, F: 31 g, Kh: 24 g, kcal: 424

1 Sonnenblumenöl in einem Topf erhitzen. Die Schinkenscheiben hineinlegen und bei mittlerer Hitze von beiden Seiten kross braten. Herausnehmen und auf Küchenpapier abtropfen und erkalten lassen.

2 In der Zwischenzeit die Zwiebeln abziehen und in kleine Würfel schneiden. Kartoffeln schälen, abspülen, abtropfen lassen. Kartoffeln in etwa gleich große Stücke (etwa 2 cm) schneiden.

3 Die Zwiebelwürfel in dem Topf im verbliebenen Bratfett braun anbraten. Dann die Kartoffelstücke hinzugeben. Die Zutaten mit etwas Salz, Pfeffer und Thymian würzen. Brühe hinzugießen und zugedeckt zum Kochen bringen. Die Suppe zugedeckt bei schwacher Hitze 10–12 Minuten kochen lassen.

4 Die Zutaten in der Brühe vorsichtig mit einem Pürierstab fein pürieren. Sahne hinzugießen und nochmals kurz unter Rühren aufkochen lassen. Die Suppe mit Salz und Pfeffer abschmecken.

5 Die Schinkenscheiben grob zerbröseln. Die Suppe mit Schinken und evtl. Meerrettich anrichten.

TIPPS:
Sie können zusätzlich 1 Päckchen (75 g) TK-Suppengrün mit den Kartoffelstücken in die Suppe geben.
Sie können die Suppe zusätzlich mit etwa 4 Esslöffeln Meerrettich (aus dem Glas oder frisch gerieben) bestreuen.

GAZPACHO VON GRÜNEM GEMÜSE

VEGETARISCH

ZUBEREITUNGSZEIT:
10 Minuten
GARZEIT:
15–20 Minuten

ZUTATEN FÜR 4 PORTIONEN

AUS DEM VORRAT:
2 EL Olivenöl
50 g TK-Zwiebelwürfel
300 g große Kartoffeln
150 g TK-Lauch
400 g TK-Brokkoli
200 g TK-Erbsen
2 TL Gemüsebrühe-Pulver
ger. Muskatnuss
150 g H-Schmand (Sauerrahm)
etwas Zitronensaft
(z. B. aus dem Fläschchen)

PRO PORTION:
E: 11 g, F: 13 g, Kh: 24 g, kcal: 274

1 Olivenöl in einem Topf erhitzen. Die Zwiebelwürfel darin goldbraun anbraten. In der Zwischenzeit Kartoffeln schälen, abspülen, abtropfen lassen und in etwa 2 cm große Würfel schneiden.

2 Kartoffelstücke und gefrorenen Lauch zu den Zwiebelwürfeln in den Topf geben und kurz mit andünsten. Dann gefrorenen Brokkoli und die gefrorenen Erbsen hinzugeben. 800 ml Wasser hinzugießen. Mit Brühe-Pulver, Salz, Pfeffer und Muskat würzen. Die Zutaten zum Kochen bringen und zugedeckt bei schwacher Hitze in 15–20 Minuten weich kochen. 2 Esslöffel der Gemüsemischung beiseitelegen.

3 Die restlichen Zutaten in der Brühe fein pürieren. Schmand dabei nach und nach hinzugeben und untermixen. Die Suppe nochmals mit Salz, Pfeffer und zusätzlich etwas Zitronensaft abschmecken. Gazpacho heiß oder abgekühlt mit der beiseitegelegten Gemüsemischung bestreut servieren.

TIPPS:
Sehr lecker schmeckt dazu ein frisches Topping aus fein gewürfeltem Fruchtfleisch von 1 reifen Avocado und 3 Tomaten, gemischt mit 150 g zerbröseltem Feta.
Kartoffeln sind in Ihrem Vorrat gerade ausgegangen? Kein Problem. Dann bereiten Sie die Suppe einfach ohne Kartoffelstückchen zu. Sofern vorhanden, können Sie einfach ½ Portionspackung Kartoffelpüree-Pulver unter die fertige Suppe rühren, damit sie schön sämig bindet und gut sättigt.

LINSENCREMESUPPE MIT FRISCHKÄSENOCKEN

VEGETARISCH

ZUBEREITUNGSZEIT:
25 Minuten
GARZEIT:
etwa 13 Minuten

ZUTATEN FÜR 4 PORTIONEN

AUS DEM VORRAT:
1 mittelgroße Zwiebel
1 Knoblauchzehe
3 EL Olivenöl
400 g TK-Suppengemüse
175 g rote Linsen
1 l heiße Instant-Gemüsebrühe
200 g passierte Tomaten (aus der Dose)
1 Lorbeerblatt
75 g abgetropfte getrocknete Tomaten, in Öl
200 g H-Schlagsahne

200 g haltbarer Frischkäse

ZUM BETRÄUFELN:
etwa 4 EL milder dunkler Balsamico-Essig

evtl. einige vorbereitete Basilikumblättchen zum Garnieren

PRO PORTION:
E: 21 g, F: 39 g, Kh: 43 g, kcal: 609

1 Für die Suppe Zwiebel und Knoblauch abziehen, grob würfeln. Olivenöl in einem Topf erhitzen, Zwiebel- und Knoblauchwürfel darin andünsten.

2 Gefrorenes Suppengemüse und Linsen zur Zwiebel-Knoblauch-Mischung geben. Brühe hinzugießen, zum Kochen bringen und etwa 8 Minuten unter gelegentlichem Rühren kochen lassen.

3 Passierte Tomaten unterrühren. Lorbeerblatt hinzugeben. Die Suppe mit Salz und Pfeffer würzen, wieder zum Kochen bringen und etwa 5 Minuten bei mittlerer Hitze kochen lassen, bis die Linsen leicht zerfallen.

4 In der Zwischenzeit getrocknete Tomaten in Streifen schneiden. Einige Tomatenstreifen zum Garnieren beiseitelegen.

5 Das Lorbeerblatt entfernen. Die Suppe pürieren, evtl. durch ein Sieb streichen. Sahne hinzugießen, nochmals unter Rühren kurz aufkochen. Die Suppe mit Salz und Pfeffer abschmecken.

6 Die Linsencremesuppe in tiefen Tellern oder Suppentassen verteilen. Mithilfe von 2 Teelöffeln Nocken aus dem Frischkäse formen und jeweils 1 Nocke in die Suppe geben.

7 Je 1 Esslöffel Balsamico-Essig aufträufeln. Die Suppe mit Tomaten- und evtl. mit Basilikumstreifen garnieren und sofort servieren.

SPINATSUPPE MIT GEBRATENEM EI

VEGETARISCH

ZUBEREITUNGSZEIT:
25 Minuten

ZUTATEN FÜR 4 PORTIONEN

AUS DEM VORRAT:
2 Zwiebeln
1 Knoblauchzehe
50 g Butter oder Margarine
1 EL Weizenmehl
750 ml heiße Instant-Gemüsebrühe
300 g TK-Blattspinat
75 g H-Schlagsahne
ger. Muskatnuss
4 Eier (Größe M)

PRO PORTION:
E: 12 g, F: 26 g, Kh: 7 g, kcal: 298

1 Für die Suppe Zwiebeln und Knoblauch abziehen, in kleine Würfel schneiden.

2 25 g Butter oder Margarine in einem Topf zerlassen. Die Zwiebel- und Knoblauchwürfel darin andünsten. Dann mit Mehl bestäuben und unterrühren. Die heiße Brühe nach und nach hinzugießen und unter Rühren zum Kochen bringen. Dabei darauf achten, dass keine Klümpchen entstehen. Gefrorenen Spinat und Sahne unterrühren. Die Zutaten unter Rühren wieder zum Kochen bringen.

3 Spinatsuppe mit Salz, Pfeffer und Muskat würzen, zugedeckt etwa 8–10 Minuten bei schwacher Hitze kochen lassen.

4 Inzwischen für die Einlage übrige Butter oder Margarine in einer Pfanne zerlassen. Eier vorsichtig aufschlagen, von beiden Seiten bei schwacher Hitze braten. Eier aus der Pfanne nehmen und auf einen Teller geben.

5 Gebratene Eier nach Belieben in Streifen schneiden.

6 Spinatsuppe in tiefen Tellern oder Suppentassen verteilen und mit den Eistreifen garnieren.

TIPPS:
Dazu passt knuspriges Baguette. Sehr gut schmecken auch feine Räucherlachsstreifen in der Suppe.

GEMÜSE-NUDEL-TOPF

ZUBEREITUNGSZEIT:
15 Minuten
GARZEIT:
etwa 12 Minuten

ZUTATEN FÜR 4 PORTIONEN

FRISCH EINKAUFEN:
75 g milder Blauschimmelkäse, z. B. Gorgonzola oder Schmelzkäse

AUS DEM VORRAT:
40 g abgetropfte, getrocknete Tomaten, in Öl
1 Knoblauchzehe
1 kleine Zwiebel
225 g TK-Champignons
300 g TK-Lauchringe
225 g Pasta, z. B. feine Penne, kurze Makkaroni (Garzeit etwa 8 Minuten)
750 ml Instant-Gemüsebrühe
200 g H-Schlagsahne
ger. Muskatnuss
100 g abgetropfter Gemüsemais (aus der Dose)
130 g gewürfelter, magerer Räucherschinken

PRO PORTION:
E: 26 g, F: 35 g, Kh: 56 g, kcal: 650

1 Von den Tomaten etwa 1 Esslöffel Öl auffangen. Tomaten fein schneiden. Knoblauch und Zwiebel abziehen, fein würfeln.

2 Das aufgefangene Tomatenöl in einem Topf erhitzen. Knoblauch- und Zwiebelwürfel darin andünsten. Pilzscheiben und Lauchringe hinzugeben und unter Wenden etwa 2–3 Minuten andünsten. Die Nudeln unterrühren. Mit Brühe und Sahne ablöschen. Mit etwas Salz, Pfeffer und Muskat würzen.

3 Die Zutaten bei schwacher Hitze zum Kochen bringen und unter gelegentlichem vorsichtigen Umrühren etwa 6 Minuten leicht kochen lassen.

4 Dann Mais, klein geschnittene Tomaten und Schinkenwürfel untermischen. Alles wieder zum Kochen bringen und weitere 2–3 Minuten bei schwacher Hitze kochen lassen. Nach Belieben noch etwas heiße Brühe hinzugießen.

5 Käse evtl. entrinden und in Würfel schneiden. Die Käsewürfel unter den nicht mehr kochenden Gemüse-Nudel-Topf rühren und schmelzen lassen. Gemüse-Nudel-Topf nochmals abschmecken und in Tellern anrichten.

TIPPS:
Unschlagbar schnell und einfach ist so ein Pasta-Eintopfgericht, bei dem alle Zutaten inklusive der Nudeln auf einmal in nur einem Topf gegart werden. Wichtig ist es dabei allerdings, bei der Auswahl der Nudelsorte auf die Garzeit zu achten. Eine längere Garzeit als 8 Minuten für die Nudeln ist ungünstig, da sonst die übrigen Zutaten nicht mehr mit leichtem Biss gegart werden können und das Gericht dann etwas zu dicklich, musig geraten könnte.
Für diesen Nudeltopf eignen sich auch TK-Brokkoliröschen oder TK-Erbsen.
Statt Blauschimmelkäse kann auch einfach Schmelzkäse für die Sauce verwendet werden.

BLITZ-TOMATEN-GARNELEN-EINTOPF

ZUBEREITUNGSZEIT:
20 Minuten

ZUTATEN FÜR 4 PORTIONEN

FRISCH EINKAUFEN:
½ Bund Frühlingszwiebeln
4 mittelgroße Tomaten oder 450 g gehackte Tomaten (aus der Dose)
250 g gekochte, geschälte Garnelen (aus dem Kühlregal, nach Geschmack pur oder in Knoblauchöl eingelegt)

AUS DEM VORRAT:
1 große Knoblauchzehe
4–6 Scheiben Roggenmischbrot mit Sauerteig (etwa 125 g), z. B. Bauernbrot/Holzofenbrot
6 EL Olivenöl
2 EL TK-Zwiebelwürfel
800 ml Gemüsefond (aus dem Glas; oder aus Instant-Gemüsebrühe zubereitet)
Worcestersauce
evtl. etwas Zitronensaft

PRO PORTION:
E: 17 g, F: 21 g, Kh: 34 g, kcal: 386

1 Frühlingszwiebeln putzen, abspülen, abtropfen lassen und schräg in Scheiben schneiden. Tomaten abspülen, abtrocknen, halbieren und die Stängelansätze herausschneiden. Tomaten entkernen und in Spalten schneiden.

2 Knoblauch schälen, halbieren, die Brotscheiben damit bestreichen. 4 Esslöffel Öl in einer Pfanne bei mittlerer Hitze erhitzen. Knoblauchbrot darin unter Wenden knusprig rösten. Auf Küchenpapier abtropfen lassen.

3 Währenddessen übriges Öl in einem Topf erhitzen. Frühlingszwiebeln und Zwiebelwürfel darin kurz andünsten. Garnelen und Tomaten zugeben. Fond oder Brühe hinzugießen, einmal kurz aufkochen lassen und mit Pfeffer, Worcestersauce, Salz und nach Belieben etwas Zitronensaft abschmecken.

4 Brotscheiben in tiefe Teller verteilen, mit dem Eintopf auffüllen und anrichten.

TIPP:
Etwas gehaltvoller wird dieses Gericht, wenn Sie dazu einen cremigen Dip aus 4 Esslöffeln Crème fraîche und 1–2 Teelöffeln TK-Basilikum servieren. Den Dip mit etwas Salz und Pfeffer abschmecken und auf den Brotscheiben zur Suppe reichen.

LINSENEINTOPF

VEGETARISCH

ZUBEREITUNGSZEIT:
20 Minuten
GARZEIT:
25–30 Minuten

ZUTATEN FÜR 4 PORTIONEN

AUS DEM VORRAT:
600 g festkochende Kartoffeln
250 g getrocknete Tellerlinsen
2 EL Speiseöl, z. B. Sonnenblumenöl
1 Pck. TK-Suppengrün
120 g TK-Zwiebelwürfel
2 Lorbeerblätter
1 ½ l Instant-Gemüsebrühe
etwas Weißweinessig
½ Pck. TK-Petersilie

PRO PORTION:
E: 22 g, F: 14 g, Kh: 53 g, kcal: 440

1 Kartoffeln schälen, abspülen, abtropfen lassen und in Würfel schneiden. Die Linsen in ein Sieb geben, mit kaltem Wasser abspülen und abtropfen lassen.

2 Das Speiseöl in einem Topf erhitzen. Kartoffelwürfel, TK-Suppengrün und Zwiebelwürfel hinzugeben und unter gelegentlichem Rühren andünsten. Lorbeerblätter und Gemüsebrühe hinzufügen.

3 Die Linsen ebenfalls in den Topf geben. Die Zutaten zum Kochen bringen und zugedeckt 25–30 Minuten bei mittlerer Hitze köcheln lassen.

4 Den Eintopf mit Essig, Salz, Pfeffer und Zucker abschmecken. Die Lorbeerblätter entfernen. Den Eintopf mit Petersilie bestreut servieren.

TIPPS:
Für einen Linseneintopf mit Mettwürstchen die Kartoffelmenge auf 375 g reduzieren und zusätzlich 4 Mettwürstchen (Rauchenden, je etwa 90 g) etwa 5 Minuten vor dem Garzeitende darin mit erhitzen.
Lust auf Abwechslung? Dann probieren Sie diesen Linseneintopf einmal auf orientalische Art. Alles, was Sie zusätzlich dafür brauchen, ist mildes Currypulver, 400 g stückige Tomaten (aus der Dose) und nach Belieben cremigen Naturjoghurt. Zutaten wie beschrieben vorbereiten, angedünstete Kartoffel-Gemüse-Mischung und Linsen nur mit 1 Liter Brühe ablöschen, kräftig mit Curry würzen und 20 Minuten köcheln lassen. Dann 400 g stückige Tomaten (aus der Dose) hinzugeben und alles offen bei mittlerer Hitze weitere etwa 15 Minuten sämig einkochen. Nochmals würzig abschmecken und mit Joghurt anrichten.

SALATE

Seite 42–57

Knackige Salate sind Kombinationskünstler, die kalt oder lauwarm genossen werden können und für jeden Geschmack und jeden Hunger das Passende bietet.

MAULTÄSCHLE-SALAT MIT SENFDRESSING

ZUBEREITUNGSZEIT:
20 Minuten

ZUTATEN FÜR 4 PORTIONEN

FRISCH EINKAUFEN:
500 g Maultaschen (nach Geschmack mit Fleisch- oder Gemüsefüllung; z. B. aus dem Kühlregal)

ZUSÄTZLICH NACH BELIEBEN:
1 große Möhre (etwa 125 g)
1 Salatgurke
1 kleiner Römersalat oder Römersalatherz

AUS DEM VORRAT:
1 große Zwiebel (etwa 150 g)
1 Knoblauchzehe
6–8 EL Olivenöl
250 g abgetropfte Champignons (aus der Dose oder frisch)
3 EL Apfelessig
2 TL süßer Senf
4 EL Schnittlauchröllchen (TK oder frisch)

PRO PORTION:
E: 15 g, F: 27 g, Kh: 32 g, kcal: 436

1 Zwiebel und Knoblauch abziehen. Zwiebel halbieren, zuerst in Scheiben schneiden, dann in Ringe teilen. Knoblauch in Scheibchen schneiden.

2 Zwei Esslöffel Olivenöl in einer großen Pfanne erhitzen. Zwiebelringe und Knoblauchscheibchen darin bei mittlerer Hitze unter Wenden goldbraun braten.

3 Champignons in dicke Scheiben schneiden oder halbieren. Oder frische Champignons kurz abspülen, gut trocken tupfen und in dicke Scheiben schneiden oder halbieren. Maultaschen in etwa 2 cm breite Streifen schneiden.

4 Die Zwiebel-Knoblauch-Mischung in der Pfanne an eine Seite schieben, weitere 2 Esslöffel Olivenöl in der Pfanne erhitzen. Champignonscheiben oder -hälften und Maultaschenstücke darin unter Wenden goldbraun braten.

5 Essig mit Senf, Salz und Pfeffer verrühren, restliches Olivenöl unterschlagen. Schnittlauchröllchen unterrühren.

6 Die vorbereiteten Salatzutaten (siehe auch Extra-Tipp) auf einer Platte anrichten. Senfdressing daraufträufeln.

TIPP:
Nach Belieben dazu 4–6 Laugenbrezeln (zum Aufbacken) servieren.

EXTRA-TIPP:
So reichern Sie die Platte zusätzlich mit den frischen Salatzutaten an: Möhre putzen, schälen, abspülen, abtropfen lassen und auf einer Küchenreibe oder mit dem Sparschäler in feine Scheiben hobeln. Gurke abspülen, trocken tupfen, nach Belieben schälen, längs halbieren und in Scheiben schneiden. Salat putzen, abspülen, trocken schleudern und in breite Streifen schneiden. Mit den restlichen Salatzutaten auf der Platte anrichten.

LINSEN-LACHS-SALAT MIT DILLDRESSING

LAKTOSEFREI

ZUBEREITUNGSZEIT:
25 Minuten

ZUTATEN FÜR 4 PORTIONEN

FRISCH EINKAUFEN:
½ Bund Frühlingszwiebeln
750 g Tomaten
500 g heiß geräuchertes Lachsfilet oder geräucherte Meerforelle (Stremellachs)

AUS DEM VORRAT:
400 g feine Berglinsen (ohne Einweichzeit, z. B. Beluga-Linsen; Garzeit 15–20 Minuten)
1 ½ TL Gemüsebrühe-Pulver
4–5 EL milder Weißwein- oder Apfelessig
2 TL süßer Senf
5 EL Olivenöl
3 EL TK-Dill

PRO PORTION:
E: 58 g, F: 33 g, Kh: 57 g, kcal: 797

1 Linsen in ein Sieb geben, mit kaltem Wasser abspülen und abtropfen lassen. Linsen gut mit Wasser bedeckt in einen Topf geben und aufkochen. Bei schwacher Hitze 15–20 Minuten bei leicht geöffnetem Topfdeckel köcheln lassen. In den letzten 5 Minuten der Garzeit 1 Teelöffel Salz und das Brühe-Pulver einrühren.

2 In der Zwischenzeit Frühlingszwiebeln putzen, abspülen, abtropfen lassen und in feine Scheiben schneiden. Tomaten abspülen, abtrocknen und die Stängelansätze herausschneiden. Tomaten in Spalten schneiden.

3 Essig, Salz, Pfeffer und Senf in einer Schüssel verrühren, Öl unterschlagen. Dill und Frühlingszwiebeln untermischen. Linsen abgießen, abtropfen lassen und mit dem Dressing mischen. Mit Tomatenspalten und dem Fisch anrichten.

TIPP:
Dazu passt knuspriges Baguette genauso gut wie herzhaftes Holzofenbrot.

SPEED-TIPP:
Die Garzeit der Linsen lässt sich noch etwas verkürzen. Weichen Sie die angegebene Menge am Vorabend in reichlich kaltem Wasser ein. Dann abgießen und in 10–15 Minuten garen.

KARTOFFELSALAT GRIECHISCHE ART

VEGETARISCH

ZUBEREITUNGSZEIT:
20 Minuten
GARZEIT:
etwa 8 Minuten

ZUTATEN FÜR 4 PORTIONEN

FRISCH EINKAUFEN:
200 g Zaziki (aus dem Kühlregal)

AUS DEM VORRAT:
2 EL Olivenöl
2 Pck. (800 g) Bratkartoffeln (aus dem Beutel)
150 g TK-Erbsen
3 EL Zitronensaft (z. B. aus der Flasche)
3 abgetropfte milde, eingelegte, grüne Pfefferschoten (aus dem Glas)
2 abgetropfte eingelegte, abgezogene Paprikahälften (aus dem Glas)
75 g Kalamata-Oliven
75 g H-Schmand
50 ml Instant-Gemüsebrühe
1 Pck. TK-Dill

evtl. einige vorbereitete Dillspitzen zum Garnieren

PRO PORTION:
E: 13 g, F: 13 g, Kh: 37 g, kcal: 339

1 Olivenöl in einer großen Pfanne erhitzen. Bratkartoffeln darin verteilen und etwa 4 Minuten bei mittlerer Hitze ohne Wenden braten. Dann die Bratkartoffeln wenden und weitere etwa 4 Minuten knusprig braun braten. Die gefrorenen Erbsen hinzugeben und untermischen. Alles etwa 1 weitere Minute erhitzen.

2 Bratkartoffeln und Erbsen aus der Pfanne nehmen und in eine Salatschüssel geben. Bratkartoffel-Erbsen-Mischung mit Zitronensaft beträufeln und etwa 5 Minuten abkühlen lassen.

3 In der Zwischenzeit Pfefferschoten und Paprikahälften in kleine Stücke schneiden. Oliven abtropfen lassen.

4 Zaziki, Schmand und Brühe verrühren und unter die Kartoffel-Erbsen-Mischung heben. Pfefferschoten-, Paprikastücke, Oliven und Dill vorsichtig unterheben und kurz durchziehen lassen.

5 Den Salat mit Salz und Pfeffer abschmecken, evtl. mit Dill garnieren und servieren.

TIPPS:
Wer es noch etwas deftiger liebt und auf Fleisch nicht verzichten möchte, hebt vor dem Servieren noch etwa 200 g fertig gekauftes, gebratenes Gyros-Fleisch unter den Salat.
Den Salat können Sie natürlich auch mit klassischen Pellkartoffeln (etwa 750 g) zubereiten. Die gegarten Kartoffeln pellen, in Scheiben schneiden, mit den angegebenen Salatzutaten und dem Zaziki-Dressing mischen.
Auch köstlich: Den Salat mit Country-Kartoffelspalten (ebenfalls aus der Packung mit Spezial-Würzmischung) zubereiten.

BULGUR-ORANGEN-SALAT

VEGETARISCH - LAKTOSEFREI

ZUBEREITUNGSZEIT:
15 Minuten
GARZEIT:
etwa 10 Minuten

ZUTATEN FÜR 4 PORTIONEN

FRISCH EINKAUFEN:
1–2 Orangen
1 mittelgroße Fenchelknolle (etwa 350 g)
2 große Frühlingszwiebeln

AUS DEM VORRAT:
1 TL Gemüsebrühe-Pulver
200 g Bulgur (vorgegarte, grobe Weizengrütze)

3 EL Sonnenblumenkerne
3 EL Orangensaft (Flasche; Kühlregal oder frisch gepresst)
2 EL Essig, z. B. Apfelessig
½ TL flüssiger Honig
4 EL Olivenöl
250 g abgetropfte, eingelegte Rote Bete (Glas; Kugeln oder Scheiben)

PRO PORTION:
E: 8 g, F: 14 g, Kh: 46 g, kcal: 375

1 500 ml Wasser und Gemüsebrühe-Pulver in einen Topf geben und zugedeckt zum Kochen bringen. Bulgur einstreuen, einmal kurz aufkochen lassen. Dann den Topf von der Kochstelle nehmen und den Bulgur etwa 10 Minuten ausquellen lassen.

2 In der Zwischenzeit Sonnenblumenkerne in einer Pfanne ohne Fett kurz rösten, auf einem Teller erkalten lassen. Orange so schälen, dass die weiße Haut mit entfernt wird. Die Orange in Scheiben schneiden oder die Filets zwischen den Trennhäuten herausschneiden.

3 Orangensaft, Essig, etwas Salz, Pfeffer und Honig verrühren. Öl unterschlagen.

4 Fenchel und Frühlingszwiebeln putzen, abspülen und abtropfen lassen. Fenchel auf dem Küchenhobel in feine Streifen hobeln. Frühlingszwiebeln in feine Scheiben schneiden. Fenchel, Frühlingszwiebeln und Orangenstücke unter die Marinade mischen. Bulgur evtl. abtropfen lassen, ebenfalls untermischen, kurz abkühlen lassen.

5 Rote Bete evtl. in Spalten schneiden. Bulgur-Orangen-Salat abschmecken. Mit Sonnenblumenkernen und Roter Bete anrichten.

FÜR EINEN EXTRAHUNGRIGEN MÄNNER-HAUSHALT:
Servieren Sie dazu fertig gekauftes Hähnchendöner-Fleisch (150–200 g pro Person) oder gegarte, gewürzte Hähnchenbrust-Stücke (z. B. aus dem Kühlregal).

TIPP:
Der Bulgur-Orangen-Salat lässt sich prima schon 1–2 Tage vor dem Servieren zubereiten.

KARTOFFEL-KÜRBIS-SALAT

VEGETARISCH

ZUBEREITUNGSZEIT:
30 Minuten, ohne Abkühl- und Durchziehzeit
GARZEIT:
10–15 Minuten

ZUTATEN FÜR 4 PORTIONEN

AUS DEM VORRAT:
750 g festkochende Kartoffeln
250 ml Instant-Gemüsebrühe
2 EL TK-Zwiebelwürfel
150 g TK-Erbsen
200 g eingelegter Kürbis (aus dem Glas)
125 g Salatmayonnaise (50 % Fett)
1 EL körniger Senf
1–2 EL Kürbisflüssigkeit (aus dem Glas)
1–2 EL Apfelessig
½ Pck. TK-Dill

evtl. einige vorbereitete Dillspitzen zum Garnieren

PRO PORTION:
E: 12 g, F: 19 g, Kh: 35 g, kcal: 361

1 Kartoffeln schälen, abspülen, abtropfen lassen und in Scheiben schneiden. Gemüsebrühe in einem weiten Topf zum Kochen bringen. Kartoffelscheiben und Zwiebelwürfel darin zugedeckt bei schwacher Hitze 10–15 Minuten garen. Die Erbsen unaufgetaut hinzufügen. Den Topf von der Kochstelle nehmen. Die Zutaten in der Brühe etwas abkühlen lassen.

2 Kürbis in einem Sieb abtropfen lassen, die Flüssigkeit dabei auffangen und 1–2 Esslöffel davon abmessen.

3 Mayonnaise mit Senf, der abgemessenen Kürbisflüssigkeit und dem Essig verrühren, Dill unterrühren. Mit Salz und Pfeffer würzen.

4 Kartoffelscheiben mit Zwiebelstreifen und Erbsen in einem Sieb abtropfen lassen und in eine Schüssel geben. Kürbisstücke und die Dill-Mayonnaise vorsichtig untermengen. Den Salat etwa 30 Minuten durchziehen lassen.

5 Den Salat mit Salz, Pfeffer und evtl. noch etwas Kürbisflüssigkeit oder Essig abschmecken, evtl. mit Dillspitzen garniert servieren.

TIPPS:
Kennen Sie Hokkaido-Kürbis? Der orangerote kugelrunde Kürbis hat zartes leicht nussig schmeckendes Fruchtfleisch, ist schnell gegart und in der Saison eine aromatische Alternative zu Kürbis aus dem Glas. Auch für den Familienvorrat ist diese Kürbissorte gut geeignet, denn die Früchte lassen sich im Ganzen dunkel und kühl gelagert über mehrere Wochen, bei optimalem Ausreifegrad und guten Lagerbedingungen sogar Monate, lagern.
Den Kürbis nur putzen, waschen, entkernen. Die Schale wird beim Garen ganz weich und kann mitgegessen werden. In mundgerechte Würfel geschnitten und zugedeckt in etwas Brühe gegart, ist Hokkaido-Kürbis in nur etwa 10 Minuten weich.

BRATHÄHNCHEN-SALAT

ZUBEREITUNGSZEIT:
15 Minuten

ZUTATEN FÜR 4 PORTIONEN

FRISCH EINKAUFEN:
1 Fleischtomate
150 g servierfertig vorbereiteter Eisbergsalat (z. B. aus der Salattheke oder dem Frischebeutel aus der Kühltheke)
250 g Fladenbrot
1 fertig gegrilltes Hähnchen

AUS DEM VORRAT:
3 EL geröstete, gesalzene Erdnusskerne
100 g Ananas-Fruchtfleisch (aus der Dose, Ananasstücke oder Scheiben in fruchteigenem Saft)
3 EL Asia-Chili-Sauce (aus der Flasche)
2 EL milder Essig
4 EL Olivenöl

PRO PORTION:
E: 30 g, F: 25 g, Kh: 39 g, kcal: 510

1 Erdnusskerne grob hacken. Ananas in feine Stücke schneiden. Tomate abspülen, abtrocknen, halbieren und den Stängelansatz herausschneiden. Tomate in Stücke schneiden.

2 Für das Dressing Asia-Sauce und Essig in einer Salatschüssel verquirlen, und 2 Esslöffel Öl unterschlagen. Erdnüsse, Ananas- und Tomatenstücke untermischen. Salatstreifen zugeben.

3 Restliches Öl in einer beschichteten Pfanne erhitzen. Brot in mundgerechte Würfel schneiden. Im heißen Öl unter Wenden knusprig rösten.

4 Inzwischen das Fleisch und die knusprige Haut vom Brathähnchen ablösen, evtl. in mundgerechte Stücke zupfen bzw. schneiden.

5 Salatzutaten mischen, mit Salz und Pfeffer abschmecken. Mit dem Hähnchenfleisch auf 4 Teller verteilen, Brotwürfel darübergeben und servieren.

TIPPS:
Auch in Tortillafladen eingerollt schmeckt die Hähnchen-Salat-Mischung sehr gut.
Kombinieren Sie Brathähnchen und Salat auch einmal mit würzig marinierten Glasnudeln statt mit Fladenbrot. Die feinen Nudeln aus Reisstärke sind eine tolle, unkomplizierte und lang lagerfähige Zutat, die man stets im Vorrat haben kann.
Für diesen Salat etwa 175 g Glasnudeln grob zerkleinern, nach Packungsanleitung in kochendem Wasser garen. Nudeln abgießen, noch heiß mit dem Dressing und nach Belieben etwas Limettensaft (aus der Flasche) mischen. Kurz ziehen lassen. Dann übrige Salatzutaten damit mischen und anrichten.

KARTOFFEL-SCHINKEN-SALAT

ZUBEREITUNGSZEIT:
25 Minuten, ohne Durchziehzeit

ZUTATEN FÜR 4 PORTIONEN

FRISCH EINKAUFEN:
1 gelbe Paprikaschote

AUS DEM VORRAT:
150 ml heiße Instant-Gemüsebrühe
4–5 EL Essig, z. B. Kräuteressig
4 EL Speiseöl
800 g gegarte, mittelgroße Pellkartoffeln (vorwiegend festkochend)
3 EL TK-Schnittlauchröllchen
125 g gekochter Schinken
50 g schwarze Oliven, ohne Stein (aus dem Glas)

PRO PORTION:
E: 13 g, F: 12 g, Kh: 22 g, kcal: 256

1 Für die Sauce Brühe mit Essig in einer großen Salatschüssel verrühren. Speiseöl unterschlagen. Mit Salz, Pfeffer und 1 Prise Zucker würzen.

2 Pellkartoffeln pellen, in Würfel schneiden und mit den Schnittlauchröllchen unter die Sauce mischen. Den Salat mindestens 10 Minuten durchziehen lassen, dabei gelegentlich umrühren.

3 Paprikaschote halbieren, entstielen, entkernen und die weißen Scheidewände entfernen. Schotenhälften abspülen, abtropfen lassen und in Würfel schneiden. Schinken ebenfalls würfeln. Oliven abtropfen lassen und in Ringe schneiden.

4 Paprika-, Schinkenwürfel und Olivenringe unter den Kartoffelsalat heben. Nochmals mit Salz, Pfeffer und Essig abschmecken.

TIPP:
Schwarze Oliven sorgen in diesem Salat für eine kräftige Würze, werden aber nicht von allen gemocht. Verzichten Sie deshalb, vor allem wenn Kinder mitessen, besser darauf und mischen stattdessen z. B. milden Gemüsemais (aus der Dose) oder Erbsen (TK oder aus der Dose) unter den Salat. Salat dann nach Geschmack zusätzlich mit etwas Paprikapulver würzen.

AUS DER PFANNE

Seite 58-103

Alles in einer Pfanne gebraten erinnert an Jugendzeiten, in denen der Schrank noch nicht Hightech-Kochgeschirren überfüllt war.

ASIA-SCHMORPFANNE MIT ERDNUSS-REIS

VEGETARISCH

ZUBEREITUNGSZEIT:
10 Minuten
SCHMORZEIT:
etwa 15 Minuten

ZUTATEN FÜR 4 PORTIONEN

AUS DEM VORRAT:
200–250 g Reis (Sorte nach Geschmack; z. B. Basmati)
400 ml Kokosmilch (aus der Dose, evtl. fettreduziert)
2 EL Speiseöl
500–600 g TK-Asia-Gemüsemix
100 g geröstete, gesalzene Erdnusskerne
evtl. Chili-Asiasauce (aus der Flasche)
evtl. Sojasauce

PRO PORTION:
E: 15 g, F: 37 g, Kh: 50 g, kcal: 620

1 Reis abspülen und abtropfen lassen. 150 ml Kokosmilch, 300 ml Wasser und etwas Salz in einem Topf aufkochen. Den Reis einstreuen und wieder zum Kochen bringen. Dann zugedeckt bei schwacher Hitze nach Packungsanleitung garen.

2 Speiseöl in einer großen Pfanne oder einem Wok erhitzen. Das tiefgekühlte Gemüse hinzugeben und unter Rühren anbraten. Mit der restlichen Kokosmilch ablöschen und zugedeckt bei mittlerer Hitze nach Packungsanleitung etwa 10 Minuten schmoren. Dabei gelegentlich wenden.

3 In der Zwischenzeit Erdnusskerne im Blitzhacker grob hacken. Den gegarten Reis abtropfen lassen, auflockern und die Erdnusskerne untermischen.

4 Schmorgemüse nach Belieben mit Chili- und Sojasauce nach Geschmack nachwürzen. Schmorgemüse mit dem Erdnussreis anrichten.

TIPP:
Zu der würzigen Gemüsemischung können Sie alternativ auch Instant-Asia-/Wok-Nudeln servieren. Die vorgegarten Nudeln sind ideal für die Blitzküche, denn sie müssen nicht mehr gekocht werden. Die gepressten Nudelpäckchen (erhältlich im Asialaden oder in gut sortierten Lebensmittelgeschäften mit Regal für asiatische Zutaten) werden nur in eine Schüssel gelegt, mit kochendem Wasser übergossen und quellen dann eine kurze Zeit (für Quellzeit bitte Packungsanleitung beachten). Nudeln abgießen, auflockern, unter das Gemüse mischen und alles nochmals kurz erhitzen.

LEBERKÄSE-PFANNE MIT GURKEN

ZUBEREITUNGSZEIT:
20 Minuten

ZUTATEN FÜR 4 PORTIONEN

FRISCH EINKAUFEN:
4 Scheiben Leberkäse (je etwa 125 g)
2 Schmor- oder Salatgurken (etwa 500 g)

AUS DEM VORRAT:
2 rote Zwiebeln (etwa 320 g)
2 EL Speiseöl
2 EL TK-Petersilie

PRO PORTION:
E: 23 g, F: 33 g, Kh: 6 g, kcal: 414

1 Die Leberkäsescheiben halbieren und in etwa fingerdicke Streifen schneiden. Gurken schälen, längs halbieren und die Kerne mit einem Löffel herausschaben. Die Gurkenhälften in etwa 1 cm dicke Scheiben schneiden.

2 Zwiebeln abziehen, halbieren und in Spalten schneiden.

3 Speiseöl in einer großen Pfanne erhitzen. Zunächst die Zwiebelspalten darin anbraten. Dann die Gurkenscheiben hinzugeben und unter Rühren etwa 5–8 Minuten zugedeckt mitbraten. Zuletzt die Leberkäsestreifen in die Pfanne geben und unter Wenden ebenfalls kurz mitbraten.

4 Die Schmorpfanne mit etwas Salz und Pfeffer würzen. Petersilie unterheben.

TIPPS:
Dazu passt knuspriges Baguette oder servieren Sie nach Belieben dazu TK-Laugengebäck zum Aufbacken, z. B. Brezeln.
Eine ganz besondere Würze und eine leichte Schärfe bekommt die Schmorpfanne, wenn Sie sie vor dem Servieren mit etwas Meerrettich aus dem Glas abschmecken.
Wenn an Ihrem Familientisch hauptsächlich Vegetarier sitzen, bereiten Sie einfach eine würzige Gurkenpfanne mit Schafskäse zu. Statt Leberkäse 200 g Feta in Würfel schneiden und kurz vor dem Servieren unter die fertig geschmorten Gurkenstücke mischen. Beim Würzen und Abschmecken dann bedenken, dass Feta viel Salz enthält und die Gurken dadurch bereits kräftig vorgewürzt sind.

BULGUR-PFANNE

VEGETARISCH

ZUBEREITUNGSZEIT:
20 Minuten
GARZEIT:
8–10 Minuten

ZUTATEN FÜR 4 PORTIONEN

FRISCH EINKAUFEN:
400 g Natur- oder griechischer Joghurt (3 bzw. 10 % Fett)

AUS DEM VORRAT:
4 EL Cashewkerne
4 EL Olivenöl
75 g Zwiebelwürfel (TK oder frisch)
1 Knoblauchzehe
300 g vorbereitete rote Paprikaschoten (in Streifen oder abgetropft aus dem Glas oder TK)
250 g Bulgur (grobe Weizengrütze)
500 ml heiße Instant-Gemüsebrühe
200 g TK-Erbsen
3–4 EL Zitronensaft (z. B. aus dem Fläschchen)

evtl. 400 g Joghurt (3,5 % Fett)
evtl. etwas Harissapaste (nordafrikanische Chilipaste; aus dem Glas; erhältlich z. B. im türkischen Lebensmittelladen)

PRO PORTION:
E: 17 g, F: 21 g, Kh: 62 g, kcal: 533

1 Cashewkerne in einer großen Pfanne ohne Fett unter Wenden anrösten und auf einen Teller geben. 2 Esslöffel Olivenöl in der Pfanne erhitzen, die Zwiebelwürfel darin goldbraun anschwitzen. Knoblauch abziehen, durch eine Knoblauchpresse drücken und hinzugeben. Dann die Paprikastreifen hinzugeben und unter Wenden kurz anbraten.

2 Bulgur hinzufügen und die Brühe hinzugießen. Die Zutaten zum Kochen bringen und zugedeckt bei schwacher Hitze 8–10 Minuten ausquellen lassen. Dabei gelegentlich umrühren.

3 Nach etwa 5 Minuten Garzeit die gefrorenen Erbsen hinzugeben und alles unter gelegentlichem Rühren weitere 3–5 Minuten erhitzen.

4 Restliches Olivenöl mit Zitronensaft verschlagen, unter die Bulgur-Pfanne mischen. Cashewkerne zum Gemüse in die Pfanne geben. Alles unter Rühren nochmals kurz erhitzen, mit Salz und Pfeffer abschmecken. Bulgur-Pfanne nach Belieben mit Joghurt und etwas Harissa anrichten.

TIPP:
Für eine fruchtige Note, die Bulgur-Pfanne mit Mangostückchen servieren. Dazu 1 kleine reife Mango schälen, das Fruchtfleisch in Spalten vom Stein schneiden. Alternativ abgetropftes Mango-Fruchtfleisch (aus der Dose) verwenden. Fruchtfleisch in Stückchen schneiden, nach Belieben mit etwas Currypulver bestäuben und unter den Bulgur mischen. Zusätzlich lässt sich die Bulgur-Pfanne mit etwa 300 g zerzupftem Brathähnchenfleisch (fertig gekauft) oder servierfertigen Hähnchenbruststücken (gegrillt oder gebraten, aus der Kühltheke) anreichern.

SCHUPFNUDELN ITALIAN STYLE

ZUBEREITUNGSZEIT:
10 Minuten
GARZEIT:
7–9 Minuten

ZUTATEN FÜR 4 PORTIONEN

FRISCH EINKAUFEN:
500–750 g frische Schupfnudeln (aus dem Kühlregal)
300 g Cocktailtomaten
½ Bund Basilikum

AUS DEM VORRAT:
3 EL Olivenöl
250 g abgetropfte Champignonscheiben (aus der Dose)
50 g Zwiebelwürfel (TK oder frisch)
200 ml Instant-Gemüsebrühe
100 g haltbarer Doppelrahm-Frischkäse
50 g Pesto (aus dem Glas)

evtl. einige vorbereitete Basilikumblättchen zum Garnieren
evtl. gehobelter Parmesan

PRO PORTION:
E: 11 g, F: 25 g, Kh: 16 g, kcal: 329

1 Olivenöl in einer großen beschichteten Pfanne erhitzen. Champignonscheiben und Zwiebelwürfel darin unter Wenden 1–2 Minuten anbraten. Die Schupfnudeln hinzugeben und unter Wenden 4–5 Minuten goldbraun rösten.

2 In der Zwischenzeit Tomaten abspülen, trocken tupfen und halbieren. Brühe erhitzen, mit Frischkäse und Pesto verschlagen.

3 Tomatenhälften zu den Schupfnudeln in die Pfanne geben und alles bei starker Hitze etwa 2 Minuten unter Wenden weiterrösten.

4 Die Pesto-Frischkäse-Mischung hinzugeben, alle Zutaten gut durchmischen und etwa 2 Minuten erhitzen. Schupfnudel-Pfanne mit Salz und Pfeffer abschmecken, mit Basilikumblättchen bestreuen und servieren. Nach Belieben Parmesan dazu servieren.

TIPP:
Champignons sind Ihrer Familie nicht so beliebt? Dann braten sie statt der Pilze 400 g TK-Brokkoliröschen in der Pfanne mit an. Schupfnudeln zugeben und alles zugedeckt bei mittlerer Hitze zunächst 4–5 Minuten erhitzen und garen. Dann den Pfanneninhalt offen unter vorsichtigem Wenden noch einige Minuten goldbraun rösten.

SCHUPFNUDELN ASIA STYLE

ZUBEREITUNGSZEIT:
30 Minuten
GARZEIT:
etwa 15 Minuten

ZUTATEN FÜR 4 PORTIONEN

FRISCH EINKAUFEN:
500 g frische Schupfnudeln (aus dem Kühlregal)

AUS DEM VORRAT:
4 EL Olivenöl
400 g TK-Asia-Gemüse
200 g TK-Garnelen (entdarmt, ohne Kopf und Schale)
1 Stück frische Ingwerwurzel (3–4 cm)
2 EL Sojasauce

PRO PORTION:
E: 15 g, F: 13 g, Kh: 18 g, kcal: 246

1 In einer großen beschichteten Pfanne 2 Esslöffel Öl erhitzen. Das Gemüse zugeben und nach Packungsanleitung unter Wenden zubereiten. Das Gemüse aus der Pfanne nehmen und zugedeckt warm stellen.

2 Inzwischen Garnelen mit Küchenpapier abtupfen. Ingwer schälen, fein reiben. Übriges Öl in der Pfanne hoch erhitzen. Die Garnelen darin unter Wenden anbraten, mit Salz, Pfeffer und Ingwer würzen. Die Schupfnudeln hinzufügen und unter gelegentlichem Rühren darin nach Packungsanleitung braten.

3 Das warm gestellte Asia-Gemüse mit in die Pfanne geben. Sojasauce überträufeln und alles vorsichtig vermischen. Die Schupfnudel-Pfanne nach Belieben zusätzlich mit weiterem Salz, Pfeffer und Ingwer abschmecken und servieren.

TIPPS:
Das Gericht vor dem Servieren zusätzlich mit süßsaurer Asia-Sauce (aus der Flasche) abschmecken.
Wer Garnelen nicht so gern mag oder nicht verträgt, kann diese Asia-Gemüsepfanne auch mit würzigen Rührei-Streifen anrichten. Dazu 4 Eier, 6 Esslöffel Sojasauce, nach Belieben 2 Esslöffel Sesamsamen, etwas Pfeffer und 2 Esslöffel Schnittlauchröllchen (TK oder getrocknet) verquirlen. 1 Esslöffel Speiseöl in einer beschichteten Pfanne erhitzen. Die verquirlten Eier darin zu Rührei braten, in Streifen schneiden und mit der Asia-Schupfnudel-Pfanne anrichten.

FRÜHLINGS-GNOCCHI-TELLER

VEGETARISCH

ZUBEREITUNGSZEIT:
10 Minuten
GARZEIT:
etwa 15 Minuten

ZUTATEN FÜR 4 PORTIONEN

FRISCH EINKAUFEN:
750 g frische Gnocchi (Frischeregal)

AUS DEM VORRAT:
3 EL Butter
1 EL Olivenöl
2 EL Zwiebelwürfel (TK oder frisch)
150 g TK-Erbsen
100 g abgetropfter Gemüsemais (aus der Dose)
300 g TK-Blattspinat
ger. Muskatnuss
3 EL Zitronensaft (z. B. aus dem Fläschchen)
200 g haltbare Crème fraîche
100 ml Instant-Gemüsebrühe
50 g ger. Parmesan

evtl. einige Basilikumblättchen zum Garnieren

PRO PORTION:
E: 18 g, F: 29 g, Kh: 73 g, kcal: 640

1 Butter und Olivenöl in einer großen Pfanne zerlassen bzw. erhitzen. Die Gnocchi und Zwiebelwürfel darin unter Wenden etwa 5 Minuten goldbraun anbraten.

2 Die gefrorenen Erbsen und Gemüsemais hinzugeben und unter Wenden kurz andünsten. Dann den gefrorenen Spinat untermischen. Alles mit Salz, Pfeffer und Muskat würzen. Zugedeckt bei schwacher Hitze etwa 10 Minuten ziehen lassen, bis der Spinat heiß ist.

3 In der Zwischenzeit Zitronensaft, Crème fraîche, Brühe und Parmesan verrühren.

4 Die Temperatur erhöhen. Die Saucenmischung unter Rühren in die Pfanne gießen und alles unter vorsichtigem Wenden einmal kräftig aufkochen lassen.

5 Gnocchi-Pfanne mit den Gewürzen abschmecken und nach Belieben mit den Basilikumblättchen bestreut anrichten.

TIPPS:
Statt TK-Erbsen können Sie auch TK-Zuckerschoten verwenden.
Gut schmeckt als Gemüsemischung auch 450 g TK-Leipziger Allerlei.
Würziger wird es mit 50 g geriebenem Bergkäse oder Gorgonzola.

OLIVEN-THUNFISCH-PFANNE MIT RAVIOLI

ZUBEREITUNGSZEIT:
25 Minuten
GARZEIT:
5–10 Minuten

ZUTATEN FÜR 4 PORTIONEN

FRISCH EINKAUFEN:
4 Fleischtomaten (etwa 750 g)
evtl. einige Stängel Basilikum

AUS DEM VORRAT:
80 g abgetropfte grüne Oliven, ohne Stein (aus dem Glas)
500 g Ravioli Formaggio (Nudeltaschen mit Käsefüllung, aus dem Kühlregal)
260 g abgetropfter Thunfisch im eigenen Saft (aus Dosen)
2 EL Olivenöl

PRO PORTION:
E: 31 g, F: 21 g, Kh: 62 g, kcal: 561

1 Tomaten abspülen, abtrocknen, halbieren und die Stängelansätze herausschneiden. Tomaten in grobe Würfel schneiden. Oliven halbieren.

2 Ravioli in ein Sieb geben, mit kaltem Wasser abspülen (um ein Zusammenkleben zu verhindern) und abtropfen lassen. Den Thunfisch evtl. in etwas kleinere Stücke teilen.

3 Olivenöl in einer großen Pfanne erhitzen. Tomatenwürfel, Olivenhälften und Thunfischstücke darin unter vorsichtigem Rühren kräftig andünsten. Ravioli hinzufügen, vorsichtig unterheben. Das Ganze weitere 5–10 Minuten dünsten.

4 In der Zwischenzeit Basilikum abspülen und trocken tupfen. Die Blättchen von den Stängeln zupfen. Blättchen grob zerschneiden.

5 Die Oliven-Thunfisch-Pfanne mit Salz und Pfeffer herzhaft würzen. Basilikum unterheben. Die Oliven-Thunfisch-Pfanne mit Ravioli servieren.

VEGGI-KÄSE-PFLANZERL ZU MAIS-BETE-SALAT

ZUBEREITUNGSZEIT:
20 Minuten
GARZEIT:
etwa 6 Minuten

ZUTATEN FÜR 4 PORTIONEN

FRISCH EINKAUFEN:
1 säuerlicher Apfel

AUS DEM VORRAT FÜR DIE VEGGI-PFLANZERL:
250 g abgetropfte weiße Bohnenkerne (aus der Dose)
50 g ger. italienischer Hartkäse, z. B. Parmesan oder Grana Padano
45 g Röstzwiebeln (Fertigprodukt)
1 TL getrocknete Kräuter der Provence oder italienische Kräuter
2 Eier (Größe M)
etwa 70 g Semmelbrösel
etwa 4 EL Speiseöl

FÜR DEN SALAT:
1 rote Zwiebel
3–4 EL milder Essig, z. B. Apfelessig
1 TL ger. Meerrettich (aus dem Glas)
4 EL Olivenöl
500 g abgetropfte, gegarte Rote Bete in Scheiben (aus dem Glas)
140 g abgetropfter Gemüsemais (aus der Dose)

evtl. Tomatenketchup

PRO PORTION:
E: 17 g, F: 33 g, Kh: 46 g, kcal: 561

1 Bohnenkerne in einem Sieb mit kaltem Wasser abspülen und abtropfen lassen. Bohnenkerne, Käse, Zwiebeln, Kräuter, Eier und etwa 50 g Semmelbrösel in eine Rührschüssel geben. Mit Salz und Pfeffer würzen. Die Zutaten mit einem Mixer (Rührstäbe) gut durchmischen. Kurz ziehen lassen, bis eine formbare Masse entsteht. Evtl. noch einige Teelöffel Semmelbrösel unterkneten, falls die Masse zu weich ist.

2 Aus der Masse mit leicht angefeuchteten Händen 8 flache Pflanzerl/Buletten formen und in den restlichen Semmelbröseln wenden.

3 Speiseöl in einer großen beschichteten Pfanne erhitzen. Die Pflanzerl darin bei mittlerer Hitze etwa 3 Minuten von jeder Seite goldbraun braten.

4 In der Zwischenzeit für den Salat Zwiebel abziehen, zuerst in feine Scheiben schneiden, dann in Ringe teilen. Apfel schälen, vierteln, entkernen und in feine Würfel schneiden.

5 Essig mit Meerrettich, 1 Prise Zucker, Salz und Pfeffer verrühren, Olivenöl unterschlagen. Zwiebelringe, Rote Bete, Mais und Apfelwürfel mit der Vinaigrette vermischen und mit den Gewürzen abschmecken.

6 Die Pflanzerl mit dem Salat anrichten. Nach Belieben Ketchup dazu servieren.

CHAMPIGNON-FRIKADELLEN

VEGETARISCH

ZUBEREITUNGSZEIT:
20 Minuten
BRATZEIT:
5–6 Minuten

ZUTATEN FÜR 4 PORTIONEN

FRISCH EINKAUFEN:
600 g Tomaten
evtl. 1 Fladenbrot

AUS DEM VORRAT:
460 g gut abgetropfte Champignons (aus der Dose)
150 g Vollkorntoast (6 Scheiben)
2 Eier (Größe M)
140 g ger. Mozzarella (schnittfest, 45 % Fett)
50 g Röstzwiebeln (Fertigprodukt)
evtl. 1 TL getrocknete Kräuter der Provence
6–8 EL Semmelbrösel
4–6 EL Speiseöl zum Braten

FÜR DEN SALAT:
1 große Zwiebel
2–3 EL Olivenöl

ZUSÄTZLICH:
evtl. Tomatenketchup
evtl. Salatmayonnaise

PRO PORTION:
E: 19 g, F: 33 g, Kh: 36 g, kcal: 535

1 Champignons in einem Blitzhacker fein hacken. Toastbrotscheiben in Würfel schneiden, zu den Champignons geben, alles fein vermixen und in eine Rührschüssel geben. Eier gut untermischen. Dann Mozzarella und Röstzwiebeln hinzugeben, alles gut vermengen. Mit Salz, Pfeffer und nach Belieben mit Kräutern der Provence würzen. Evtl. noch 1–2 Esslöffel Semmelbrösel hinzugeben, sodass eine formbare Masse entsteht.

2 Aus der Masse mit angefeuchteten Händen Frikadellen formen, diese in den restlichen Semmelbröseln wenden.

3 Speiseöl in 1–2 großen, beschichteten Pfannen bei mittlerer Hitze erhitzen. Die Frikadellen darin von beiden Seiten goldbraun braten. Achtung, nicht bei zu starker Hitze braten, da die Masse sonst zu spritzen beginnt!

4 In der Zwischenzeit für den Salat Zwiebel abziehen, zuerst in feine Scheiben schneiden, dann in Ringe teilen. Tomaten abspülen, trocken tupfen, halbieren und die Stängelansätze entfernen. Tomaten in Stücke schneiden.

5 Tomatenstücke, Zwiebelringe, Olivenöl, Salz, Pfeffer und nach Belieben 1 Prise Zucker in einer Schüssel gut vermischen.

6 Champignon-Frikadellen mit dem Salat anrichten. Dazu evtl. Ketchup, Mayonnaise und Fladenbrot reichen.

TIPP:
Am besten gleich eine doppelte Portion der Frikadellen zubereiten. Sie eignen sich auch prima als vegetarische Burger und schmecken auch abgekühlt oder nochmals kurz erwärmt sehr lecker.

SPANISCHE EIERPFANNE

VEGETARISCH

ZUBEREITUNGSZEIT:
15 Minuten
GARZEIT:
13–16 Minuten

ZUTATEN FÜR 4 PORTIONEN

AUS DEM VORRAT:
800 g gehackte Tomaten (Pizzatomaten; in Tomatensaft; aus Dosen)
2 Zwiebeln
2 grüne Peperoni (eingelegt; aus dem Glas)
2 EL Sonnenblumenöl
6 Eier (Größe M)

PRO PORTION:
E: 13 g, F: 13 g, Kh: 13 g, kcal: 215

1 Die Tomaten in ein Sieb abgießen, dabei den abtropfenden Saft auffangen. Zwischendurch vorsichtig durchrühren.

2 In der Zwischenzeit Zwiebeln abziehen und fein würfeln. Peperoni in Streifen schneiden.

3 Das Öl in einer großen Pfanne erhitzen. Zwiebelwürfel und Peperonistreifen darin bei mittlerer Hitze in etwa 2 Minuten andünsten. Den aufgefangenen Tomatensaft hinzugießen, mit Salz, Pfeffer und Zucker kräftig würzen. Die Zutaten in 3–4 Minuten bei starker Hitze fast vollständig dickflüssig/sämig einkochen lassen.

4 In der Zwischenzeit die Eier mit einer Gabel gut verschlagen.

5 Die Tomatenstücke gleichmäßig in der heißen Pfanne verteilen. Die Eier darübergießen und zugedeckt bei schwacher Hitze in 8–10 Minuten vollständig stocken lassen. Die spanische Eierpfanne sofort servieren.

TIPPS:
Dazu schmeckt ein grüner Salat und knuspriges Baguette.
Wer es gerne extrascharf mag, würzt die Tomatensauce zusätzlich mit Paprikapulver rosenscharf oder geräuchertem spanischen Paprikapulver.
Oder lieber mild? Dann statt der Peperoni 1 Esslöffel TK-Kräuter wie Petersilie oder Basilikum verwenden.
Für eine **Eierpfanne mit Pilzen** auf die Dosentomaten verzichten, stattdessen etwa 450 g TK-Champignonscheiben verwenden. Pilzscheiben mit Peperonistreifen in heißem Öl bei starker Hitze unter Wenden etwa 6 Minuten braten. Die Pilze mit Salz und Pfeffer würzen. Die verschlagenen Eier hinzugießen, alles zugedeckt bei kleiner Hitze etwa 10 Minuten stocken lassen.

CHAMPIGNON-FRITTATA

VEGETARISCH

ZUBEREITUNGSZEIT:
15 Minuten

ZUTATEN FÜR 4 PORTIONEN

AUS DEM VORRAT:
300 g TK-Brokkoli
170 g Champignonscheiben (aus dem Glas)
150 g Gemüsemais (aus der Dose)
8 Eier (Größe M)
1 Pck. TK-Schnittlauchröllchen
40 g Butter oder Margarine

PRO PORTION:
E: 19 g, F: 20 g, Kh: 10 g, kcal: 296

1 Brokkoli auftauen lassen, in kleine Röschen teilen.

2 Champignonscheiben und Mais in einem Sieb abtropfen lassen.

3 Eier verquirlen, mit Salz und Pfeffer würzen und mit dem Gemüse und den Schnittlauchröllchen vermischen.

4 Butter oder Margarine in einer großen beschichteten Pfanne zerlassen. Die Eier-Gemüse-Mischung hineingeben und zugedeckt bei mittlerer Hitze stocken lassen. Nach Belieben wenden (nur etwas für Fortgeschrittene!) und auf der zweiten Seite auch bräunen lassen.

TIPPS:
Schmeckt heiß als kleine Mahlzeit oder gehaltvolle Vorspeise. Oder kalt, in Häppchen geschnitten, als Snack.
Sie haben kleine Gemüse-„Muffel“ mit am Tisch sitzen? Dann pürieren Sie hier einfach etwa ¼ des Gemüses mit den Eiern und mixen zusätzlich 1 Esslöffel Speisestärke darunter. So bekommen alle, die versuchen sich mehr vom Ei der Frittata aufzufüllen, ganz nebenbei eine kleine Extraportion Gemüse ab.

FRITTATA MIT GEMÜSE

VEGETARISCH

ZUBEREITUNGSZEIT:
15 Minuten
GARZEIT:
14–16 Minuten

ZUTATEN FÜR 4 PORTIONEN

FRISCH EINKAUFEN:
4 Frühlingszwiebeln

AUS DEM VORRAT:
300 g geröstete Paprikahälften (abgetropft; aus dem Glas)
1 EL Olivenöl
2 EL TK-Basilikum
6 Eier (Größe M)
4 EL H-Schlagsahne
2 EL Olivenöl

evtl. einige vorbetreitete Basilikumblättchen zum Garnieren

PRO PORTION:
E: 11 g, F: 22 g, Kh: 8 g, kcal: 280

1 Paprikahälften in ganz feine Streifen schneiden.

2 Frühlingszwiebeln putzen, abspülen, abtropfen lassen und in feine Scheiben schneiden.

3 Olivenöl in einer großen beschichteten Pfanne erhitzen. Frühlingszwiebelscheiben darin etwa 4 Minuten unter gelegentlichem Rühren dünsten. Paprikastreifen hinzufügen. Basilikum unter das Gemüse rühren.

4 Eier mit Sahne, Salz und Pfeffer in einer Schüssel kurz verschlagen. Zum Gemüse gießen. Die Eier-Gemüse-Masse zugedeckt 8–10 Minuten bei schwacher Hitze stocken lassen, bis keine Flüssigkeit mehr vorhanden ist und die Frittata sich leicht mit einem Pfannenwender vom Pfannenrand und -boden lösen lässt.

5 Frittata aus der Pfanne auf einen großen Teller gleiten lassen. Frittata vierteln, warm oder kalt servieren, evtl. mit frischen Basilikumblättchen garnieren.

NUDELPFANNE MIT BROKKOLI

VEGETARISCH

ZUBEREITUNGSZEIT:
15 Minuten
GARZEIT:
etwa 10 Minuten

ZUTATEN FÜR 4 PORTIONEN

FRISCH EINKAUFEN:
2 Frühlingszwiebeln

AUS DEM VORRAT:
500 g Nudeln, z. B. Penne
300 g TK-Brokkoli
1–2 EL Butter
1 Knoblauchzehe
50 g gehackte Haselnusskerne
1–2 TL TK-Kräuter italienische Art

PRO PORTION:
E: 19 g, F: 15 g, Kh: 91 g, kcal: 580

1 Wasser in einem großen Topf zugedeckt zum Kochen bringen. Dann Salz und Nudeln zugeben. Die Nudeln im geöffneten Topf bei mittlerer Hitze nach Packungsanleitung bissfest kochen, dabei gelegentlich umrühren. Anschließend die Nudeln in ein Sieb geben, mit heißem Wasser abspülen und abtropfen lassen.

2 Etwas Salzwasser in einem Topf zum Kochen bringen. Den Brokkoli darin 3–5 Minuten zugedeckt dünsten, dann in ein Sieb abgießen und abtropfen lassen. Frühlingszwiebeln putzen, abspülen, abtropfen lassen und in dünne Scheiben schneiden.

3 Butter in einer großen Pfanne zerlassen. Knoblauch abziehen und zerdrücken. Nudeln, Brokkoli, Zwiebelscheiben, Knoblauch und Haselnusskerne in die Pfanne geben und unter Rühren 3–4 Minuten braten. Das Ganze mit Kräutern, Salz und Pfeffer abschmecken.

TIPP:
Sie können statt der Frühlingszwiebeln auch gewürfelte tiefgekühlte Zwiebeln verwenden.

GNOCCHI MIT TOMATENSAUCE

VEGETARISCH

ZUBEREITUNGSZEIT:
25 Minuten

ZUTATEN FÜR 4 PORTIONEN

AUS DEM VORRAT:
2 Zwiebeln
2 EL Olivenöl
400 g stückige Tomaten (Tetrapak)
25 g TK-Italienische Kräuter
200 ml Instant-Gemüsebrühe
8 EL Tomatenketchup

500 g haltbare Gnocchi (aus dem Vakupack)

PRO PORTION:
E: 8 g, F: 7 g, Kh: 52 g, kcal: 307

1 Für die Tomatensauce Zwiebeln abziehen und in kleine Würfel schneiden.

2 Olivenöl in einer Pfanne erhitzen und die Zwiebelwürfel darin glasig dünsten. Tomaten aus dem Tetrapak und TK-Kräuter hinzufügen und kurz mitdünsten. Gemüsebrühe hinzugießen und Tomatenketchup unterrühren. Tomatensauce unter gelegentlichem Rühren aufkochen, danach 3–4 Minuten bei mittlerer Hitze einkochen lassen. Tomatensauce mit Salz und Pfeffer würzen.

3 In der Zwischenzeit für die Gnocchi reichlich Salzwasser in einem geschlossenen Topf zum Kochen bringen. Gnocchi zugeben und im geöffneten Topf bei mittlerer Hitze nach Packungsanleitung zubereiten. Anschließend die Gnocchi in ein Sieb geben und abtropfen lassen.

4 Gnocchi und Tomatensauce anrichten.

SPEED-TIPP:
Noch schneller geht es, wenn Sie fertige Tomatensauce (Tetrapak) verwenden. Diese gibt es in verschiedenen Geschmacksrichtungen (z. B. mit Kräutern, Basilikum, Champignons).

PFANNENLASAGNE

VEGETARISCH

ZUBEREITUNGSZEIT:
10 Minuten
GARZEIT:
20–23 Minuten

ZUTATEN FÜR 4 PORTIONEN

AUS DEM VORRAT:
3 EL Olivenöl
120 g Zwiebelwürfel (TK oder frisch)
230 g abgetropfte Champignonscheiben (aus der Dose)
400 g stückige Tomaten (aus der Dose)
300 g passierte Tomaten (Tetrapak)
200 ml Instant-Gemüsebrühe
ger. Muskatnuss
125 g TK-Erbsen
10 Lasagne-Nudelplatten (ohne Vorkochen, etwa 185 g)
250 ml Sauce Béchamel (Tetrapak)
150 g ger. Käse, z. B. Mozzarella, schnittfest, Gouda
3 EL ger. Parmesan
evtl. einige vorbereitete Basilikumblättchen zum Garnieren

PRO PORTION:
E: 24 g, F: 26 g, Kh: 53 g, kcal: 546

1 Das Olivenöl in einer großen Pfanne mit hohem Rand (mit passendem Deckel) erhitzen. Die Zwiebelwürfel darin unter Wenden anbraten. Champignonscheiben hinzugeben und bei starker Hitze leicht braun anbraten. Mit stückigen und passierten Tomaten und Brühe ablöschen. Kräftig mit Salz, Pfeffer und Muskat würzen. Die Erbsen untermischen.

2 Die Nudelplatten in Stücke brechen und nach und nach in die Tomatensauce legen, möglichst so, dass sie in der Pfanne gut verteilt sind. Die Béchamelsauce in Klecksen in der Pfanne verteilen. Alles bei schwacher bis mittlerer Hitze zum Kochen bringen und zugedeckt bei schwacher Hitze etwa 15 Minuten kochen lassen. Dabei zwischendurch vorsichtig umrühren, sodass die Nudelplatten nicht zusammenkleben oder am Pfannenboden ansetzen.

3 Mozzarella oder Gouda auf der Pfannenlasagne verteilen und mit Parmesan bestreuen. Die Pfannenlasagne auf der ausgeschalteten Kochstelle noch 5–8 Minuten ziehen lassen, bis der Käse geschmolzen ist und die Nudeln gar sind. Nach Belieben mit Basilikumblättchen bestreut servieren.

TIPPS:
Die Lasagne lässt sich portionsweise besser aus der Pfanne heben, wenn sie etwas abgekühlt ist.
Für zusätzlichen Biss und frische Vitamine 2 grob geriebene Möhren (etwa 175 g) unter die Sauce mischen und mitgaren.

LACHSPFANNKUCHEN

ZUBEREITUNGSZEIT:
35 Minuten

ZUTATEN FÜR 4 PORTIONEN

FRISCH EINKAUFEN:
800 g Tomaten
175 g Rucola (Rauke)

AUS DEM VORRAT FÜR DIE PFANNKUCHEN:
4 Eier (Größe M)
120 g Weizenmehl
500 ml H-Milch (3,5 % Fett)
4–6 TL Butter oder Margarine

3 EL Olivenöl
3 EL TK-Schnittlauchröllchen

6–8 EL Honig-Senf-Sauce (z. B. aus dem Gläschen oder Flasche)
200 g geräucherter Lachs in Scheiben (aus dem Kühlregal)

PRO PORTION:
E: 28 g, F: 32 g, Kh: 37 g, kcal: 556

1 Für den Teig Eier, Weizenmehl, 1 Prise Salz und Milch verquirlen. Etwa 5 Minuten quellen lassen. Evtl. noch etwas Wasser unter den Teig schlagen, falls er zu dicklich ist.

2 Butter oder Margarine portionsweise in einer beschichteten Pfanne bei mittlerer Hitze zerlassen. Etwas Teig in die Pfanne geben, durch Schwenken darin gleichmäßig dünn verteilen, goldbraun backen, wenden und fertig backen. Aus dem Teig nach und nach 8–10 dünne Pfannkuchen backen, warm stellen.

3 Tomaten abspülen, abtrocknen und die Stängelansätze herausschneiden Tomaten würfeln oder in Scheiben schneiden. Etwas Salz, Pfeffer und Öl untermischen. Schnittlauch darüberstreuen.

4 Rucola verlesen, die groben Stiele abschneiden. Rucola abspülen, gut abtropfen lassen oder trocken schleudern und evtl. etwas kleiner zupfen.

5 Pfannkuchen mit der Honig-Senf-Sauce beträufeln, Rucola darauf verteilen. Lachsscheiben darauflegen. Die Pfannkuchen fest aufrollen, in Stücke teilen und evtl. zum Servieren in Servietten wickeln. Lachspfannkuchen und Tomatensalat anrichten.

TIPP:
Die Pfannkuchen können bereits 1–2 Tage im Voraus gebacken werden. Dann nur noch rasch erwärmen und belegen.

FISCHFILET AUF MEDITERRANEM GEMÜSE

ZUBEREITUNGSZEIT:
30 Minuten

ZUTATEN FÜR 4 PORTIONEN

FRISCH EINKAUFEN:
250 g Cocktailtomaten
3 mittelgroße Zucchini (etwa 600 g)

AUS DEM VORRAT:
600 g TK-Fischfilet, z. B. Zanderfilets
240 g abgetropfte Artischockenherzen (aus der Dose)
2–3 EL Olivenöl
25 g TK-Italienische Kräuter
1 gestr. TL Chiliflocken

PRO PORTION:
E: 28 g, F: 10 g, Kh: 6 g, kcal: 229

1 Das Fischfilet etwas antauen lassen. Tomaten abspülen, trocken tupfen, halbieren und die Stängelansätze herausschneiden. Zucchini abspülen, abtrocknen und die Enden abschneiden. Zucchini zuerst in Streifen, dann in kleine Würfel schneiden. Artischockenherzen vierteln.

2 Olivenöl in einer großen Pfanne erhitzen. Zucchiniwürfel darin etwa 2 Minuten unter Rühren andünsten. Tomatenhälften, Artischockenviertel und Kräuter hinzugeben, mit Salz und Pfeffer würzen.

3 Fischfilet mit Küchenpapier abtupfen und in 8 gleich große Stücke schneiden. Fischfiletstücke nebeneinander auf das angedünstete Gemüse legen, mit Salz und Chiliflocken bestreuen. Die Pfanne mit dem Deckel verschließen. Fischfiletstücke und Gemüse etwa 8 Minuten gar dünsten.

4 Fischfiletstücke vorsichtig aus der Pfanne nehmen. Das Gemüse mit den Gewürzen abschmecken. Die Fischfilets mit dem Gemüse auf einer großen Platte anrichten und servieren.

BEILAGE:
Langkornreis.

GESCHNETZELTES À LA FRANÇAISE

ZUBEREITUNGSZEIT:
15 Minuten
GARZEIT:
5–6 Minuten

ZUTATEN FÜR 4 PORTIONEN

FRISCH EINKAUFEN:
450 g Geschnetzeltes, z. B. von Schwein, Hähnchen oder Pute
1 großer säuerlicher Apfel

AUS DEM VORRAT:
4 EL Speiseöl
250 g Lauch in Ringen (TK oder frisch)
½ TL ger. Majoran
200 ml Instant-Gemüse- oder -Fleischbrühe
200 g haltbare Crème fraîche
2–3 TL körniger Senf
1 TL Speisestärke
2–3 EL Schnittlauchröllchen (TK oder frisch)

PRO PORTION:
E: 28 g, F: 27 g, Kh: 12 g, kcal: 415

1 Geschnetzeltes mit Küchenpapier abtupfen. Apfel gut abspülen, abtrocknen, halbieren und entkernen. Apfelhälften mit der Schale in feine Spalten oder Würfel schneiden.

2 Drei Esslöffel Speiseöl in einer großen beschichteten Pfanne erhitzen. Die Fleischstreifen darin bei starker Hitze kurz braun anbraten, auf einen Teller geben und warm halten. Die Apfelspalten oder -würfel in dem verbliebenen Bratfett kurz anrösten und zum warm gehaltenen Fleisch geben.

3 Restliches Speiseöl in der Pfanne erhitzen. Die Lauchringe darin unter Wenden kurz scharf anbraten. Mit Salz, Pfeffer und Majoran würzen. Mit 100 ml Brühe ablöschen und Crème fraîche unterrühren. 1–2 Minuten kochen lassen. Dann das warm gehaltene Fleisch mit den Apfelspalten oder -würfeln untermischen und alles nochmals etwa 3 Minuten kochen lassen, bis das Fleisch gegart ist.

4 Restliche Brühe mit Senf und Speisestärke verschlagen, unter das Geschnetzelte rühren und etwa 1 Minute kochen lassen. Geschnetzeltes mit Salz, Pfeffer und nach Belieben weiterem Senf abschmecken.

5 Das Geschnetzelte mit Schnittlauchröllchen bestreut anrichten.

BEILAGE:
Baguette oder Schnellkoch-Reis.

BLITZ-MAC-AND-CHEESE

VEGETARISCH

ZUBEREITUNGSZEIT:
10 Minuten
GARZEIT:
12–15 Minuten

ZUTATEN FÜR 4 PORTIONEN

FRISCH EINKAUFEN:
1 Paprikaschote (etwa 200 g; rot, grün oder gelb; alternativ gegrillte Paprikahälften aus dem Glas)
200 g Tomaten

AUS DEM VORRAT:
1 Knoblauchzehe
3 EL Olivenöl
100 g Zwiebelwürfel (TK oder frisch)
1 EL Tomatenmark
400 g kurze Makkaroni oder Penne
300 g H-Schlagsahne
800–900 ml Instant-Gemüsebrühe
125 g ger. Käse, z. B. Gouda, Emmentaler
2 EL Schnittlauchröllchen (TK oder frisch)

PRO PORTION:
E: 26 g, F: 46 g, Kh: 79 g, kcal: 834

1 Knoblauch abziehen und in eine große Pfanne pressen, Olivenöl hinzugeben und erhitzen. Paprikaschote halbieren, entstielen, entkernen und die weißen Scheidewände entfernen. Paprikaschote in mundgerechte Würfel schneiden.

2 Zwiebelwürfel zum Knoblauch in die Pfanne geben und in dem erhitzten Olivenöl unter Wenden goldbraun anbraten. Dann Tomatenmark und die Paprikawürfel unterrühren und kurz mit anrösten, Nudeln hinzugeben. Sahne und etwa 600 ml Brühe hinzugießen. Mit Salz und Pfeffer würzen.

3 Die Zutaten unter Rühren zum Kochen bringen und zugedeckt bei schwacher Hitze unter gelegentlichem Rühren 8–10 Minuten kochen lassen, dabei nach und nach die restliche Brühe hinzugießen, sodass die Nudeln stets mit etwas Flüssigkeit bedeckt bissfest garen.

4 In der Zwischenzeit Tomaten abspülen, trocken tupfen, halbieren und die Stängelansätze entfernen. Tomaten in Würfel schneiden und unter die Pasta rühren. Mit den Gewürzen abschmecken.

5 Pasta mit Käse bestreuen und alles zugedeckt bei schwacher Hitze noch 4–5 Minuten leicht kochen lassen und den Käse schmelzen. Mit Schnittlauchröllchen bestreut anrichten.

TIPP:
Nach Belieben lässt sich das Mac and Cheese für Nicht-Vegetarier mit etwa 300 g gebratenen Hähnchenfiletstücken (fertig gekauft; aus der Kühltheke) anreichern.

KARTOFFEL-SCHINKEN-TORTILLA

ZUBEREITUNGSZEIT:
20 Minuten
GARZEIT:
etwa 7 Minuten

ZUTATEN FÜR 4 PORTIONEN

AUS DEM VORRAT:
800 g gegarte Kartoffeln (vom Vortag) oder 1 ½ Pck. vorgegarte Kartoffeln (je 350 g, aus dem Kühlregal)
4 EL Olivenöl
4 EL TK-Zwiebelwürfel
6 Eier (Größe M)
2 EL Tomatenmark
6 EL Mineralwasser
Paprikapulver edelsüß
2 EL TK-Petersilie
125 g gewürfelter Schinken

PRO PORTION:
E: 23 g, F: 13 g, Kh: 38 g, kcal: 371

1 Die Kartoffeln zunächst in Scheiben schneiden. Das Öl in zwei großen Pfannen erhitzen. Zwiebelwürfel und Kartoffelscheiben unter Wenden darin anbraten.

2 Eier mit Tomatenmark und Mineralwasser verschlagen. Die Eiermasse mit Salz, Pfeffer und Paprikapulver würzen. Petersilie mit der Eiermasse verrühren.

3 Je die Hälfte der Eiermasse über die Kartoffeln gießen. Schinkenwürfel aufstreuen. Kartoffel-Schinken-Tortillas bei schwacher Hitze zugedeckt etwa 7 Minuten stocken lassen. Tortilla lauwarm oder kalt servieren.

TIPPS:
Kalt ist die Tortilla auch zum Mitnehmen z. B. für ein Picknick geeignet. So eine Tortilla ist eine perfekte Idee, wenn es von den Vortagen noch Gemüse-, Nudel-, Kartoffel- oder auch Fleischreste gibt, die verwertet werden sollen. Alles einfach in mundgerechte Stücke schneiden, in wenig Fett oder Speiseöl in einer großen oder zwei kleinen Pfannen anbraten. Je nach Appetit der zu verköstigenden Personenzahl 1–2 Eier, mit etwas Milch, Sahne oder Wasser verquirlt, angießen und stocken lassen. Noch herzhafter wird es, wenn geriebener Parmesan oder Tomatenmark mit unter die Eier gequirlt wird.

TOSKANISCHE BOHNEN-PASTA-PFANNE

VEGETARISCH

ZUBEREITUNGSZEIT:
10 Minuten
GARZEIT:
15–16 Minuten

ZUTATEN FÜR 4 PORTIONEN

FRISCH EINKAUFEN:
evtl. 1 Bio-Zitrone (unbehandelt, ungewachst)
1 Bund Rucola

AUS DEM VORRAT:
3 EL Olivenöl
75 g Zwiebelwürfel (TK oder frisch)
1 Knoblauchzehe
350 g Penne
evtl. ½ –1 TL gerebelter Thymian
400 g stückige Tomaten (aus der Dose)
800 ml Instant-Gemüsebrühe
260 g abgetropfte weiße Bohnenkerne (aus der Dose)
150 g Gorgonzola (Blauschimmelkäse)

PRO PORTION:
E: 26 g, F: 25 g, Kh: 77 g, kcal: 644

1 Olivenöl in einer großen Pfanne erhitzen. Zwiebelwürfel darin goldbraun andünsten. Knoblauch abziehen, durch eine Knoblauchpresse drücken und hinzugeben. Dann die Nudeln und nach Belieben Thymian mit in die Pfanne geben.

2 Tomaten unterrühren und die Brühe hinzugießen. Mit etwas Salz und Pfeffer würzen. Die Zutaten unter gelegentlichem Rühren zum Kochen bringen und zugedeckt bei schwacher Hitze etwa 8 Minuten kochen lassen. Dabei gelegentlich umrühren.

3 Dann Bohnenkerne und nach Belieben ein Stück Bio-Zitronenschale hinzugeben und alles zugedeckt weitere etwa 5 Minuten kochen lassen.

4 In der Zwischenzeit Gorgonzola in feine Würfel schneiden. Die Bohnen-Pasta-Pfanne damit bestreuen und zugedeckt weitere 2–3 Minuten auf der ausgeschalteten Kochstelle ziehen und den Käse schmelzen lassen.

5 Die Bohnen-Pasta-Pfanne mit Salz und Pfeffer abschmecken. Nach Belieben Rucola abspülen, trocken tupfen und die dicken Stängel entfernen, Rucola etwas kleiner zupfen. Die Bohnen-Paste-Pfanne mit Rucola bestreut servieren.

TIPP:
Für eine zusätzlich frisch-würzige Note einfach vor dem Servieren ca. 100 g feinen Blattspinat oder Pflücksalat-Mix kurz unter die Pfanne heben.

BLUMENKOHL-PFANNE MIT PASTA

ZUBEREITUNGSZEIT:
25 Minuten, ohne Abkühlzeit

ZUTATEN FÜR 4 PORTIONEN

FRISCH EINKAUFEN:
2 Frühlingszwiebeln
75 g roher Schinken in Scheiben

AUS DEM VORRAT:
500 g TK-Blumenkohlröschen
4 Eier (Größe M)
50 g Butter
4 EL Semmelbrösel
1 TL Bio-Zitronenschale (z. B. aus dem Tütchen)
2 EL Speiseöl, z. B. Rapsöl
125 ml Instant-Gemüsebrühe
200 g H-Schlagsahne
ger. Muskatnuss
250–300 g Pasta, z. B. Orecchiette
1 TL Weizenmehl

PRO PORTION:
E: 25 g, F: 39 g, Kh: 64 g, kcal: 710

1 TK-Blumenkohlröschen auf einem Teller verteilen, etwas antauen lassen. Eier in kochendem Wasser in etwa 6 Minuten wachsweich kochen. In der Zwischenzeit die Frühlingszwiebeln putzen, abspülen, abtropfen lassen und in Scheiben schneiden. Schinken in Streifen schneiden.

2 Butter in einer großen Pfanne zerlassen. Schinkenstreifen darin knusprig braten, herausnehmen und auf Küchenpapier abtropfen lassen. Semmelbrösel und Zitronenschale in dem verbliebenen Bratfett unter Rühren goldbraun rösten, auf einen Teller geben und abkühlen lassen. Die Eier abschrecken und warm stellen.

3 Speiseöl zum Bratfett in die Pfanne geben. Blumenkohlröschen darin unter vorsichtigem Wenden leicht anbraten. Frühlingszwiebelscheiben hinzugeben und kurz mitbraten lassen. Mit Brühe und der Hälfte der Sahne ablöschen. Mit Salz, Pfeffer und Muskat würzen. Die Zutaten zum Kochen bringen und zugedeckt etwa 5 Minuten dünsten.

4 In der Zwischenzeit reichlich Wasser in einem großen Topf zugedeckt zum Kochen bringen. Dann Salz und Nudeln hinzugeben. Die Nudeln im geöffneten Topf bei mittlerer Hitze nach Packungsanleitung bissfest kochen, dabei gelegentlich umrühren.

5 Restliche Sahne mit Mehl anrühren, unter Rühren zu den Blumenkohlröschen geben und unter vorsichtigem Rühren kräftig aufkochen. Die gegarten Nudeln in ein Sieb geben und abtropfen lassen. Nudeln zu den Blumenkohlröschen in die Pfanne geben und gut vermischen. Nochmals mit den Gewürzen abschmecken.

6 Eier pellen und halbieren. Orecchiette mit Blumenkohl, Eihälften, Semmelbröseln und Schinkenstreifen auf Tellern anrichten.

TIPP:
Das Gericht schmeckt auch lecker mit Brokkoliröschen (TK oder frisch). Brokkoliröschen kurz anbraten und anschließend nur 2–3 Minuten garen.

AUS DEM TOPF

Seite 104-119

One-Pot-Wonder sind schnelle Gerichte aus einem Topf, die auf herrliche Weise verschiedene Geschmacksnuancen vereinen.

SCHMORKRAUT IN PIKANTER RAHMSAUCE

VEGETARISCH

ZUBEREITUNGSZEIT:
10 Minuten
GARZEIT:
etwa 30 Minuten

ZUTATEN FÜR 4 PORTIONEN

FRISCH EINKAUFEN:
1 säuerlicher Apfel

AUS DEM VORRAT:
3 EL Speiseöl
40 g Zwiebelwürfel (TK oder frisch)
1 EL Tomatenmark
500 g große festkochende Kartoffeln
350 g abgetropftes Sauerkraut (aus der Dose oder frisch)
1 Lorbeerblatt
1 ½ TL gerebelter Majoran
200 g H-Schlagsahne
½–1 TL Gemüsebrühe-Pulver
75 g abgetropfte, geröstete, eingelegte Paprikaschoten (aus dem Glas)
1–2 EL Butter
2 EL Schnittlauchröllchen (TK oder frisch)

PRO PORTION:
E: 5 g, F: 26 g, Kh: 24 g, kcal: 367

1 Das Speiseöl in einem Topf erhitzen. Die Zwiebelwürfel darin unter Wenden goldbraun anbraten. Tomatenmark hinzugeben und kurz mit andünsten.

2 In der Zwischenzeit Kartoffeln schälen, abspülen, abtropfen lassen und in 2–3 cm große Würfel schneiden. Kartoffelwürfel zu den Zwiebelwürfeln in den Topf geben und unter Wenden bei mittlerer Hitze etwa 5 Minuten braten.

3 Das Sauerkraut etwas zerzupfen, hinzugeben und alles weitere etwa 5 Minuten schmoren. Mit Lorbeerblatt, Salz, Pfeffer und 1 Teelöffel Majoran würzen. Sahne und 200 ml Wasser hinzugießen und zum Kochen bringen, Brühe-Pulver unterrühren. Die Zutaten bei mittlerer Hitze etwa 20 Minuten kochen lassen.

4 Zwischenzeitlich Paprikaschoten in feine Würfel schneiden und unter den Schmortopf mischen. Apfel gut abspülen, abtrocknen, halbieren, entkernen und in Würfel schneiden. Butter in einer kleinen Pfanne zerlassen. Die Apfelwürfel darin unter Wenden leicht anbraten und mit dem restlichen Majoran bestreuen.

5 Apfelwürfel mit dem Butterfett unter das Schmorkraut heben und alles nochmals mit den Gewürzen abschmecken. Mit Schnittlauchröllchen bestreut anrichten.

TIPP:
Wer nicht auf Fleisch verzichten möchte, kann nach Belieben Wiener Würstchen auf dem Schmorkraut mit erwärmen.

BANDNUDELN MIT SCHINKEN UND ERBSEN

ZUBEREITUNGSEIT:
25 Minuten

ZUTATEN FÜR 4 PORTIONEN

AUS DEM VORRAT:
400 g Bandnudeln
200 g Butter
2 EL TK-Zwiebelwürfel
300 g TK-Erbsen
200 g H-Schlagsahne
150 g Kochschinken
50 g ger. Parmesan

PRO PORTION:
E: 31 g, F: 64 g, Kh: 82 g, kcal: 1048

1 Für die Nudeln reichlich Wasser in einem großen Topf zugedeckt zum Kochen bringen.

2 Salz und Nudeln hinzugeben. Die Nudeln im geöffneten Topf bei mittlerer Hitze nach Packungsanleitung bissfest kochen, dabei gelegentlich umrühren. Anschließend die Nudeln in ein Sieb geben und abtropfen lassen.

3 Währenddessen für die Sauce die Hälfte der Butter in einem Topf zerlassen. Zwiebelwürfel darin leicht bräunen. Gefrorene Erbsen hinzufügen. Mit Salz und Pfeffer würzen. Die Erbsen etwa 5 Minuten gar dünsten. Sahne hinzufügen und erhitzen.

4 Schinken in Streifen schneiden und kurz vor Ende der Garzeit mit den Erbsen vermengen.

5 Die Nudeln in eine vorgewärmte Schüssel geben. Dann die Sauce darauf verteilen. Restliche Butter in Flöckchen daraufsetzen. Die Nudeln mit Parmesan bestreut sofort servieren.

TIPP:
Wer dieses leckere, aber gehaltvolle Familienessen etwas „verschlanken" möchte, dünstet die Erbsen in nur 75 g Butter an. Mit 150 g H-Kochsahne (10 % Fett) und 50 ml Instant-Gemüsebrühe aufgießen. Auf die zusätzliche Butter, die in Flöckchen zum Aromatisieren auf die Nudeln gesetzt werden, kann – der Figur zuliebe – auch einfach verzichtet werden.

REISNUDEL-GEMÜSE-RISOTTO

VEGETARISCH

ZUBEREITUNGSZEIT:
10 Minuten
GARZEIT:
12–14 Minuten

ZUTATEN FÜR 4 PORTIONEN

AUS DEM VORRAT:
4 EL geschälte Sonnenblumenkerne
3 EL Olivenöl
1 Knoblauchzehe
150 g Pasta in Reisform,
z. B. Risoni oder Kitharaki
150 g H-Schlagsahne
400 ml Instant-Gemüsebrühe
300 g TK-Farmers-Gemüsemix
evtl. 1 TL Rosmarinnadeln
30 g ger. Parmesan
2 EL Butter

PRO PORTION:
E: 28 g, F: 34 g, Kh: 34 g, kcal: 493

1 Sonnenblumenkerne in einer Pfanne ohne Fett unter Wenden kurz rösten, auf einen Teller geben und erkalten lassen.

2 Olivenöl in der Pfanne erhitzen. Knoblauch abziehen, durch eine Knoblauchpresse in das erhitzte Olivenöl drücken und kurz goldbraun anrösten.

3 Pasta hinzugeben, mit Sahne und 300 ml Brühe ablöschen, durchrühren und bei mittlerer Hitze unter gelegentlichem Rühren zum Kochen bringen.

4 Die gefrorene Gemüsemischung hinzugeben und untermischen. Mit etwas Salz, Pfeffer und nach Belieben Rosmarin würzen. Die Zutaten wieder zum Kochen bringen und zugedeckt bei mittlerer Hitze 12–14 Minuten kochen lassen. Dabei gelegentlich umrühren und evtl. weitere Brühe hinzugießen, sodass die Nudeln und das Gemüse stets knapp mit Flüssigkeit bedeckt garen.

5 Parmesan und Butter unter das Reisnudel-Gemüse-Risotto rühren, mit Salz und Pfeffer abschmecken. Reisnudel-Gemüse-Risotto mit den Sonnenblumenkernen anrichten. Nach Belieben zusätzlich Parmesan dazureichen.

MEDITERRANER KARTOFFEL-STAMPF

VEGETARISCH

ZUBEREITUNGSZEIT:
15 Minuten
GARZEIT:
15–20 Minuten

ZUTATEN FÜR 4 PORTIONEN

AUS DEM VORRAT:
1 kg große mehligkochende Kartoffeln
etwa 200 ml H-Milch (3,5 % Fett)
2–3 EL Pesto (aus dem Glas)
3 EL Olivenöl
50 g softgetrocknete Tomaten, in Öl
100 g entsteinte Oliven (schwarz oder grün)
evtl. Parmesanspäne

evtl. einige vorbereitete Basilikumblättchen zum Garnieren

PRO PORTION:
E: 8 g, F: 19 g, Kh: 44 g, kcal: 393

1 Kartoffeln schälen, abspülen, abtropfen lassen und in grobe etwa gleich große Würfel schneiden. Kartoffelwürfel in einem Topf knapp mit Wasser bedeckt zum Kochen bringen, Salz hinzufügen. Die Kartoffelwürfel zugedeckt 15–20 Minuten garen.

2 In der Zwischenzeit Milch mit Pesto und Olivenöl in einem Topf erwärmen. Tomaten fein schneiden. Oliven in Scheiben schneiden.

3 Die gegarten Kartoffelwürfel abgießen, den Topf ohne Deckel auf die heiße Kochstelle stellen und die Kartoffeln noch etwas ausdampfen lassen. Dann Kartoffeln durch eine Kartoffelpresse in die heiße Pesto-Milch-Mischung pressen und sehr gut durchrühren.

4 Olivenscheiben und Tomatenstückchen unter das Püree rühren. Püree mit Salz und Pfeffer abschmecken.

5 Nach Belieben mit Basilikumblättchen anrichten.

6 Das Püree nach Belieben zusätzlich mit Kichererbsen-Crunch (siehe Tipp unten) und Parmesanlocken servieren.

BEILAGE:
Minuten-Schnitzelchen oder Rührei.

TIPP:
Für ein knuspriges Kichererbsen-Topping 260 g abgetropfte und trocken getupfte Kichererbsen (aus der Dose) mit 3 Esslöffeln Olivenöl, 2 Teelöffeln braunem Zucker, 4 Esslöffeln gestiftelten Mandeln und 1–2 Teelöffeln gerebeltem Thymian mischen. Die Kichererbsen-Mischung auf einem Backblech (mit Backpapier belegt) verteilen und im vorgeheizten Backofen bei Heißluft etwa 180 °C unter gelegentlichem Wenden knusprig rösten.

SPAGHETTI AGLIO OLIO

VEGETARISCH

ZUBEREITUNGSZEIT:
15 Minuten

ZUTATEN FÜR 4 PORTIONEN

AUS DEM VORRAT:
500 g Spaghetti
1 Pck. (60 g) TK-Knoblauch oder
3 Knoblauchzehen
60 ml Olivenöl
1 Pck. TK-Petersilie
125 g ger. Parmesan

evtl. vorbereitete Petersilienblättchen zum Garnieren

PRO PORTION:
E: 41 g, F: 47 g, Kh: 138 g, kcal: 1141

1 Wasser in einem großen Topf zugedeckt zum Kochen bringen. Dann Salz und Spaghetti zugeben. Die Spaghetti im geöffneten Topf bei mittlerer Hitze nach Packungsanleitung bissfest kochen, dabei gelegentlich umrühren.

2 Anschließend Spaghetti in ein Sieb geben, mit heißem Wasser abspülen und abtropfen lassen.

3 Inzwischen frischen Knoblauch abziehen und in dünne Scheiben schneiden.

4 Olivenöl in einer großen Pfanne erhitzen. Tiefgekühlten Knoblauch direkt aus der Packung oder die Knoblauchscheiben zugeben und darin glasig bis hellbraun dünsten. Spaghetti und Petersilie in das heiße Knoblauchöl geben und gründlich untermischen. Mit Salz und geschrotetem Pfeffer würzen.

5 Spaghetti aglio olio am besten in einer vorgewärmten Schüssel oder in tiefen Tellern anrichten. Mit Parmesan bestreuen. Evtl. mit frischen Petersilienblättchen garnieren.

TIPPS:
Einen schnellen Frische-Kick geben Sie dem würzigen Pastagericht, wenn Sie 250 g halbierte Kirschtomaten mit den Nudeln und dem Knoblauchöl durchschwenken.
Wenn der Appetit einmal nicht so groß war oder die Menge zu üppig zubereitet wurde, lässt sich aus den übrigen, fertigen Spaghetti ganz unkompliziert ein weiteres schnelles Familienessen für den folgenden Tag vorbereiten. Dazu Spaghetti in eine Auflaufform (gefettet) geben. Pro Person 1–2 Eier, Salz, Pfeffer, geriebenen Muskat, 75 ml Milch oder H-Sahne und 2 Esslöffel geriebenen Käse (z. B. Parmesan oder Gouda) verquirlen und über die Nudeln gießen. Nach Belieben zusätzlich TK-Erbsen (direkt aus der Packung) und fein geschnittenen Kochschinken untermischen. Im vorgeheizten Backofen bei Ober- und Unterhitze: 200 °C 30–40 Minuten goldbraun backen.

BOHNENTOPF MIT BRATHÄHNCHEN

ZUBEREITUNGSZEIT:
15 Minuten
GARZEIT:
16–19 Minuten

ZUTATEN FÜR 4 PORTIONEN

FRISCH EINKAUFEN:
1 fertig gegrilltes Hähnchen (etwa 800 g)

AUS DEM VORRAT:
3 EL Olivenöl
50 g Zwiebel-Knoblauch-Mix (TK oder frisch gewürfelt)
3 große Kartoffeln (etwa 350 g)
400 g TK-grüne Bohnen oder 450 g abgetropfte Brechbohnen (aus dem Glas)
240 g abgetropfte weiße Bohnenkerne (aus der Dose)
300 ml Instant-Gemüsebrühe
400 g stückige Tomaten (aus der Dose)
3 EL Schnittlauchröllchen (TK oder frisch)

PRO PORTION:
E: 33 g, F: 21 g, Kh: 30 g, kcal: 447

1 Olivenöl in einem Schmortopf erhitzen. Zwiebel-Knoblauch-Mix darin unter Wenden anschwitzen.

2 In der Zwischenzeit Kartoffeln schälen, abspülen, abtropfen lassen, in 2–3 cm große Würfel schneiden, zum Zwiebel-Knoblauch-Mix in den Topf geben und kurz andünsten. Die gefrorenen Bohnen oder Brechbohnen und die Bohnenkerne hinzugeben und mit der Gemüsebrühe auffüllen. Mit Salz und Pfeffer würzen, zum Kochen bringen und bei schwacher Hitze 8–10 Minuten kochen lassen.

3 Inzwischen das Fleisch des Brathähnchens von den Knochen lösen. Haut evtl. separat in einer kleinen Pfanne in etwas Olivenöl leicht knusprig rösten.

4 Tomatenstücke unter den Kartoffel-Bohnen-Topf mischen, nochmals mit den Gewürzen abschmecken und ohne Deckel etwa 5 Minuten bei starker Hitze kochen lassen. Das Hähnchenfleisch hinzufügen und alles weitere 3–4 Minuten kochen lassen.

5 Den Bohnentopf in tiefen Tellern anrichten, mit Schnittlauchröllchen bestreuen. Die knusprige Haut extra dazu servieren.

PENNE MIT WALNUSSSAUCE

VEGETARISCH

ZUBEREITUNGSZEIT:
25 Minuten

ZUTATEN FÜR 4 PORTIONEN

AUS DEM VORRAT:
125 g Walnusskerne
2 EL Walnussöl
2 EL TK-Zwiebelwürfel
150 ml H-Milch (3,5 % Fett)
250 g H-Schlagsahne
500 g Penne
1 Pck. TK-Schnittlauch
70 g ger. Parmesan
ger. Muskatnuss

evtl. einige vorbereitete Schnittlauchhalme zum Garnieren

PRO PORTION:
E: 30 g, F: 54 g, Kh: 95 g, kcal: 1040

1 Die Walnusskerne fein hacken. Walnussöl bei mittlerer Hitze in einer Pfanne erhitzen. Walnusskerne darin unter Wenden anrösten.

2 Zwiebelwürfel zu den Walnusskernen geben und mit andünsten. Milch und Sahne hinzugießen, zum Kochen bringen und etwa 5 Minuten ohne Deckel kochen lassen.

3 In der Zwischenzeit die Nudeln in kochendem Salzwasser nach Packungsanleitung bissfest kochen, dabei gelegentlich umrühren.

4 Schnittlauch und Parmesan unter die Walnusssauce rühren. Mit Salz, Pfeffer und Muskat würzen.

5 Die fertig gegarten Nudeln in ein Sieb geben, mit heißem Wasser abspülen und abtropfen lassen.

6 Nudeln und Walnusssauce mischen, auf Tellern anrichten. Nach Belieben mit abgespülten und trocken getupften Schnittlauchhalmen oder -röllchen garnieren.

TIPP:
Sie können die Sauce auch mit Haselnüssen und Nussöl, Kürbiskernen und Kürbiskernöl oder auch Sonnenblumenkernen und Sonnenblumenöl zubereiten.
Eine edle, pikant-fruchtige Note bekommt dieses Nudelgericht, wenn Sie 1 reife, aromatische Birne fein gewürfelt vor dem Anrichten unter die Zutaten mischen.
Sehr lecker schmecken die Nudeln auch mit einem Hauch getrockneten Salbei aromatisiert und zu gebratenem Hähnchenfilet serviert.

AUS DEM BACKOFEN

Seite 104-119

Gerichte aus dem Backofen sind einfach und schnell zubereitet und alle können sich auf den Genuss freuen, während die Lebensmittel im Ofen garen.

BÉCHAMEL-KARTOFFELN ZU OFEN-FISCHFILET

ZUBEREITUNGSZEIT:
10 Minuten
GARZEIT:
etwa 15 Minuten

ZUTATEN FÜR 4 PORTIONEN

FRISCH EINKAUFEN:
2 Tomaten (etwa 200 g)

AUS DEM VORRAT
FÜR DIE KARTOFFELN:
750 g große Kartoffeln (vorwiegend festkochend)
1 EL Butter
50 g Zwiebelwürfel (TK oder frisch)
evtl. 1 TL gerebelter Majoran
250 ml heiße Instant-Gemüsebrühe
75 g TK-Erbsen
250 ml Sauce Béchamel oder à la hollandaise (Fertigprodukt)

FÜR DAS FISCHFILET:
4 TK-Fischfilets (je etwa 150 g; aufgetaut), z. B. Lachs-, Bio-Kabeljau-, Seelachsfilet
4 EL Röstzwiebeln (Fertigprodukt)
125 g ger. Käse, z. B. Mozzarella

2 EL gehackter Dill (TK oder frisch)

PRO PORTION:
E: 41 g, F: 22 g, Kh: 40 g, kcal: 523

1 Den Backofen vorheizen.
Ober-/Unterhitze: etwa 220 °C
Heißluft: etwa 200 °C

2 Kartoffeln schälen, abspülen, abtropfen lassen und in 2–3 cm große Würfel schneiden. Butter in einem Topf zerlassen, die Zwiebelwürfel darin goldbraun anschwitzen. Kartoffelwürfel und evtl. Majoran hinzugeben. Brühe hinzugießen. Mit etwas Salz und Pfeffer würzen. Die Kartoffelwürfel zugedeckt bei schwacher bis mittlerer Hitze etwa 12 Minuten kochen lassen.

3 Für das Fischfilet in der Zwischenzeit Fischfilet mit Küchenpapier abtupfen. Die Fischfilets in eine große flache Auflaufform (mit Speiseöl bestrichen) legen. Mit Salz und Pfeffer würzen.

4 Tomaten abspülen, trocken tupfen, halbieren und die Stängelansätze entfernen. Tomaten in Scheiben schneiden. Röstzwiebeln, Tomatenscheiben und Käse auf den Fischfilets verteilen. Die Form auf dem Rost in den vorgeheizten Backofen schieben. Filets **12–15 Minuten gratinieren.**

5 Nach etwa 12 Minuten Garzeit die gefrorenen Erbsen zu den gegarten Kartoffelwürfeln geben und nochmals 2–3 Minuten kochen lassen. Dann die Béchamel oder Hollandaise untermischen und alles nochmals kurz erhitzen.

6 Béchamel-Kartoffeln mit den Gewürzen abschmecken. Fischfilets und Béchamel-Kartoffeln anrichten, mit Dill bestreut servieren.

OFENGEGARTE RAVIOLI

ZUBEREITUNGSZEIT:
10 Minuten
GARZEIT:
25–30 Minuten

ZUTATEN FÜR 4 PORTIONEN

FRISCH EINKAUFEN:
600 g kleine Zucchini
1 Bund Frühlingszwiebeln
400–500 g frische Ravioli (z. B. mit Gemüse- oder Fleischfüllung; Kühlregal)

AUS DEM VORRAT:
1 EL getrocknete Kräuter der Provence oder italienische Kräutermischung
3 EL Olivenöl
400 g stückige/gehackte Tomaten (aus der Dose)
250 ml Käse- oder Béchamelsauce (Tetrapak)
100 ml Instant-Gemüsebrühe
75 g ger. Parmesan

PRO PORTION:
E: 21 g, F: 24 g, Kh: 42 g, kcal: 476

1 Den Backofen vorheizen.
Ober-/Unterhitze: etwa 230 °C
Heißluft: etwa 210 °C (wir empfehlen bei Heißluft zu garen)
Darin die Fettpfanne (30 x 40 cm) des Backofens gleich mit erhitzen.

2 In der Zwischenzeit Zucchini abspülen, abtrocknen und die Enden abschneiden. Zucchini in etwa ½ cm dicke Scheiben schneiden. Frühlingszwiebeln putzen, abspülen, abtropfen lassen und fein schneiden. Zucchinischeiben mit Frühlingszwiebelstückchen, getrockneten Kräutern und Olivenöl mischen, mit Salz und Pfeffer würzen. Sobald der Backofen die Temperatur erreicht hat, das vorbereitete Gemüse in der heißen Fettpfanne verteilen und **etwa 15 Minuten garen.**

3 Dann die Ravioli auf dem Gemüse verteilen und vorsichtig etwas untermischen. Tomaten darauf verteilen, mit Salz und Pfeffer würzen. Die Sauce und die Brühe verschlagen und auf die Gemüse-Ravioli-Mischung träufeln. Mit Parmesan bestreuen.

4 Die Gemüse-Ravioli-Mischung **bei gleicher Backofentemperatur in weiteren 10–15 Minuten fertig garen.**

TIPP:
Alternativ zu frischen Zucchini und Frühlingszwiebeln können Sie auch eine TK-Gemüsemischung (etwa 600 g, z. B. Gemüsemischung französische oder italienische Art) verwenden.

BAKED POTATOES

VEGETARISCH

ZUBEREITUNGSZEIT:
15 Minuten
BACKZEIT:
60–90 Minuten

ZUTATEN FÜR 4 PORTIONEN

AUS DEM VORRAT:
4 große, mehligkochende Kartoffeln (je 250 g)
2 EL Olivenöl

300 g H-Schmand
1–2 EL Zitronensaft (aus der Flasche)
2 EL TK-Schnittlauch
evtl. etwas Honig

PRO STÜCK:
E: 6 g, F: 13 g, Kh: 39 g, kcal: 303

1 Den Backofen vorheizen.
Ober-/Unterhitze: etwa 200 °C
Heißluft: etwa 180 °C

2 Kartoffeln unter fließendem kalten Wasser sehr gründlich abbürsten, trocken tupfen und mehrfach mit einer Gabel einstechen, damit sie nicht im Ofen aufplatzen. Kartoffeln mit Öl bestreichen und mit Salz bestreuen. Kartoffeln einzeln in Alufolie oder Backpapier wickeln, die Enden dabei gut zusammendrücken.

3 Kartoffeln nebeneinander aufs Backblech legen und in den vorgeheizten Backofen schieben. Kartoffeln je nach Größe **60–90 Minuten garen.**

4 In der Zwischenzeit für die Füllung Schmand mit Zitronensaft und Schnittlauchröllchen verrühren. Mit Salz, Pfeffer und Zucker oder Honig abschmecken.

5 Sobald die Kartoffeln gar sind, die Alufolie oder das Backpapier öffnen. Die Kartoffeln mit 2 Gabeln aufbrechen, mit der Sauce füllen und anrichten.

TIPPS:
Als Füllung schmeckt auch fertig gekaufter Kräuterquark oder Zaziki aus dem Kühlregal, geriebener Käse (z. B. Gouda), Kräuterbutter oder Sauerrahm.
Im Handel gibt es auch bereits vorgegarte Backkartoffeln zu kaufen. Zu finden sind sie im Kühlregal. Da sie in Folie verpackt sind und kühl gelagert werden, sind sie mehrere Wochen haltbar und deshalb auch gut für einen Familien-Vorrat geeignet. Die Kartoffeln können in der Mikrowelle blitzschnell erhitzt und servierfertig gemacht werden.

SPINATLASAGNE

ZUBEREITUNGSZEIT:
15 Minuten
BACKZEIT:
25–30 Minuten

ZUTATEN FÜR 4 PORTIONEN

FRISCH EINKAUFEN:
125 g Mozzarella

AUS DEM VORRAT:
600 g TK-Blattspinat
9 Lasagneblätter (ohne Vorkochen)
200 g Bacon
1 Zwiebel
2 EL Butter oder Margarine
ger. Muskatnuss
300 g haltbare Crème fraîche

PRO PORTION:
E: 22 g, F: 51 g, Kh: 24 g, kcal: 652

1 Spinat auftauen lassen. Mozzarella abtropfen lassen. Eine Auflaufform (gefettet) mit 3 Lasagneblättern auslegen.

2 Den Backofen vorheizen. Ober-/Unterhitze: etwa 200 °C Heißluft: etwa 180 °C

3 Bacon in feine Streifen schneiden. Zwiebel abziehen und in kleine Würfel schneiden. Butter oder Margarine in einem Topf zerlassen. Bacon darin anbraten. Die Zwiebelwürfel hinzufügen, glasig anschwitzen. Den Spinat hinzufügen, kurz mitdünsten. Mit Salz und Muskat würzen.

4 Die Speck-Spinat-Masse in drei Portionen teilen, eine Portion auf die Lasagneblätter geben. 3 Esslöffel Crème fraîche darauf verstreichen. Darauf wieder 3 Lasagneblätter legen, eine weitere Portion Speck-Spinat-Masse darauf verteilen und weitere 3 Esslöffel Crème fraîche darauf verstreichen. Das Ganze noch einmal wiederholen.

5 Den Mozzarella in dünne Scheiben schneiden und auf die Lasagne legen.

6 Die Form auf dem Rost in den vorgeheizten Backofen schieben. Die Lasagne **25–30 Minuten backen.**

TIPP:
Wer die Lasagne vegetarisch servieren möchte, verwendet statt Speck getrocknete, in Öl eingelegte Tomaten (etwa 75 g) und Röstzwiebeln aus der Packung (je nach Geschmack 50–100 g). Beides gibt der Lasagne, neben der milden Crème fraîche und dem Spinat, eine angenehme Würze. Dann die Tomaten vorab in feine Streifen schneiden. Sie müssen nicht extra angedünstet werden, sondern können zusammen mit den Röstzwiebeln einfach eingeschichtet werden.

RAVIOLI-KÄSE-AUFLAUF

ZUBEREITUNGSZEIT:
10 Minuten
BACKZEIT:
etwa 25 Minuten

ZUTATEN FÜR 4 PORTIONEN

FRISCH EINKAUFEN:
1 Bund Frühlingszwiebeln

AUS DEM VORRAT:
800 g Ravioli in Tomatensauce (aus der Dose)
1 gestr. EL Speisestärke
200 g ger. Gratinkäse, z. B. Emmentaler

PRO PORTION:
E: 20 g, F: 20 g, Kh: 32 g, kcal: 391

1 Den Backofen vorheizen.
Ober-/Unterhitze: etwa 200 °C
Heißluft: etwa 180 °C

2 Von den Ravioli etwas Tomatensauce abnehmen, mit der Stärke glatt verrühren, dann wieder unter die übrigen Ravioli mischen.

3 Frühlingszwiebeln putzen, abspülen, abtropfen lassen und in Scheiben schneiden. Frühlingszwiebelscheiben und die Hälfte des Käses mit den Ravioli mischen.

4 Ravioli in eine weite Auflaufform (gefettet) geben. Den Auflauf mit dem restlichen Käse bestreuen.

5 Die Form auf dem Rost in den vorgeheizten Backofen schieben. Ravioli-Käse-Auflauf **etwa 25 Minuten erhitzen und überbacken.**

6 Den Auflauf aus dem Backofen nehmen, etwas abkühlen lassen und servieren.

TIPP:
Wer diesen Auflauf auch einmal ein bisschen würziger servieren möchte, verwendet zum Überbacken statt mild-nussigem Emmentaler würzigen, gereiften Bergkäse oder zerbröckelten Edelpilzkäse, z. B. Gorgonzola oder Bavaria blue.

KARTOFFEL-SPINAT-GRATIN

VEGETARISCH

ZUBEREITUNGSZEIT:
30 Minuten
GARZEIT:
etwa 45 Minuten

ZUTATEN FÜR 4 PORTIONEN

FRISCH EINKAUFEN:
125 g Mozzarella

AUS DEM VORRAT:
2 EL Butter
600 g TK-Blattspinat
ger. Muskatnuss
800 g festkochende Kartoffeln
125 g H-Schlagsahne
1 Pck. TK-Schnittlauch

PRO PORTION:
E: 15 g, F: 21 g, Kh: 31 g, kcal: 387

1 Butter in einen Topf erhitzen, den Blattspinat und 2–3 Esslöffel Wasser hinzugeben und bei schwacher bis mittlerer Hitze unter gelegentlichem Durchrühren garen. Spinat etwas abkühlen lassen, leicht ausdrücken und grob hacken. Spinat mit Salz, Pfeffer und Muskat würzen.

2 In der Zwischenzeit die Kartoffeln schälen, abspülen, abtropfen lassen und in feine Scheiben schneiden oder hobeln.

3 Den Backofen vorheizen. Ober-/Unterhitze: etwa 200 °C Heißluft: etwa 180 °C

4 Kartoffelscheiben dachziegelartig in eine Auflaufform (gefettet) schichten und den Spinat auf und zwischen den Kartoffelscheiben verteilen.

5 Sahne in einem kleinen Topf erwärmen, mit Salz, Pfeffer und Muskat würzen. Sahne über die Kartoffelscheiben und den Spinat gießen. Die Form auf dem Rost in den vorgeheizten Backofen schieben und das Gratin **etwa 45 Minuten garen.**

6 Mozzarella abtropfen lassen und fein zerzupfen. Schnittlauch und Mozzarellastückchen vermengen, nach der Hälfte der Garzeit auf dem Gratin verteilen und das Kartoffel-Spinat-Gratin fertig garen.

TIPPS:
Statt Mozzarella können Sie auch fein geriebenen Parmesan- oder mittelalten Gouda-Käse verwenden. Dadurch schmeckt das Gratin herzhafter.
Vermengen Sie nach Belieben vor dem Einschichten 1 durchgepresste Knoblauchzehe mit dem Spinat, so schmeckt er pikanter.

OFENKÄSE AUF TOMATEN-SAUCE MIT LINSENSALAT

VEGETARISCH

ZUBEREITUNGSZEIT:
20 Minuten
GARZEIT:
Linsen etwa 20 Minuten
ÜBERBACKZEIT:
etwa 10 Minuten

ZUTATEN FÜR 4 PORTIONEN

AUS DEM VORRAT:
100 g softgetrockete Aprikosenhälften (entsteint)
400 g stückige Tomaten (aus der Dose)
5 EL Olivenöl
2 TL getrockneter Kräutermix mediterran
150 g kleine braune Linsen
1 TL Gemüsebrühe-Pulver
4 Stücke Fetakäse (je etwa 100 g)
50 g Röstzwiebeln (Fertigprodukt)
4 TL flüssiger Honig
3 EL Weißweinessig
1 TL mittelscharfer Senf
1 Zwiebel, z. B. rot

2 EL Basilikumblättchen (TK oder frisch)

PRO PORTION:
E: 16 g, F: 43 g, Kh: 40 g, kcal: 694

1 Den Backofen vorheizen.
Ober-/Unterhitze: etwa 180 °C
Heißluft: etwa 160 °C
Eine große flache Auflaufform im Backofen mit erhitzen.

2 Aprikosenhälften grob würfeln. Mit den stückigen Tomaten und 2 Esslöffeln Olivenöl noch leicht stückig pürieren. Die Sauce kräftig mit Salz, Pfeffer und 1 Teelöffel Kräutern würzen. Die Aprikosen-Tomaten-Mischung in der erhitzten Auflaufform verteilen und erhitzen.

3 In der Zwischenzeit Linsen verlesen. 300 ml Wasser, Brühepulver und die Linsen in einem Topf zum Kochen bringen und zugedeckt bei schwacher Hitze etwa 20 Minuten mit noch leichtem Biss garen.

4 Währenddessen die Form aus dem Backofen nehmen. Fetastücke auf der Sauce verteilen. Röstzwiebeln mit den restlichen Kräutern mischen und daraufstreuen. Mit 3 Teelöffeln Honig beträufeln.

5 Die Form auf dem Rost in den vorgeheizten Backofen schieben. Ofenkäse **etwa 10 Minuten überbacken.**

6 Essig, Salz, Pfeffer, Senf, restlichen Honig und restliches Olivenöl verschlagen. Zwiebel abziehen, zuerst in Scheiben schneiden, dann in Ringe teilen. Zwiebelringe und abgetropfte Linsen unter die Vinaigrette rühren und abschmecken.

7 Fetastücke mit der Sauce auf Tellern verteilen. Linsen nochmals abschmecken, mit Basilikumblättchen bestreut dazureichen.

TIPP:
Alternativ den Ofenkäse einfach mit Fladenbrotstücken servieren.

KARTOFFELGRATIN

VEGETARISCH

ZUBEREITUNGSZEIT:
40 Minuten
GARZEIT:
45–55 Minuten

ZUTATEN FÜR 4 PORTIONEN

AUS DEM VORRAT:
1 Knoblauchzehe
800 g festkochende Kartoffeln
ger. Muskatnuss
125 ml H-Milch (1,5 % Fett)
125 g H-Schlagsahne
2 EL ger. Parmesan

PRO PORTION:
E: 7 g, F: 16 g, Kh: 26 g, kcal: 284

1 Den Backofen vorheizen.
Ober-/Unterhitze: etwa 200 C
Heißluft: etwa 180 C

2 Den Knoblauch abziehen, durchschneiden und die Auflaufform (gefettet) damit ausreiben.

3 Die Kartoffeln schälen, abspülen, trocken tupfen und in dünne Scheiben schneiden oder hobeln. Die Kartoffelscheiben dachziegelartig in die vorbereitete Form schichten, dabei die Kartoffelscheiben schichtweise kräftig mit Salz, Pfeffer und Muskat würzen.

4 Die Milch und Sahne verrühren und über die Kartoffelscheiben gießen. Käse aufstreuen.

5 Die Form auf dem Rost in den vorgeheizten Backofen schieben. Das Gratin **45–55 Minuten garen, bis es goldbraun ist und die Kartoffeln gar sind.**

TIPPS:
Das Gratin kann auch in Portionsformen zubereitet werden. Die Garzeit verringert sich dann auf 40–45 Minuten.
Das Gratin passt perfekt zu saucenlosen Fleisch-, Fisch- oder Gemüsegerichten und frischen Salaten.

ABWANDLUNG:
Statt Milch und Sahne etwa 250 ml Gemüsebrühe verwenden. Diese mit 2 Esslöffeln Crème fraîche verrühren und auf die Kartoffelscheiben gießen. Dann die Kartoffelscheiben mit Käse und zusätzlich einigen Butterflöckchen bestreuen und wie beschrieben backen.

REZEPTVARIANTE 1:
Für **Kartoffelgratin mit Champignons** 150 g Kartoffeln durch dünne Champignonscheiben ersetzen. Champignon- und Kartoffelscheiben im Wechsel einschichten.

REZEPTVARIANTE 2:
Für ein **Kartoffel-Möhren- bzw. Kartoffel-Zucchini-Gratin** 300 g Kartoffeln durch die gleiche Menge dünne Möhren- oder Zucchinischeiben ersetzen.

ORIENTALISCHE PAPRIKA-TARTE

VEGETARISCH

ZUBEREITUNGSZEIT:
10 Minuten
BACKZEIT:
etwa 35 Minuten

ZUTATEN FÜR 12 STÜCKE

FRISCH EINKAUFEN:
1 Pck. frischer Quiche- oder Tarteteig (300 g; Kühlregal; rund (Ø 32 cm) ausgerollt auf Backpapier)

AUS DEM VORRAT:
260 g abgetropfte, gegarte Kichererbsen (aus der Dose)
200 g abgetropfte, geröstete Paprikastücke (aus dem Glas)
1 rote Zwiebel (etwa 70 g)
75 g abgetropfte Oliven, ohne Stein, z. B. schwarz
200 g haltbarer Doppelrahm-Frischkäse
50 g Tahini (Sesampaste; aus dem Glas)
3 Eier (Größe M)
1 TL Speisestärke

evtl. einige vorbereitete Koriander- oder Petersilienblättchen

PRO STÜCK:
E: 8 g, F: 16 g, Kh: 16 g, kcal: 253

1 Den Backofen vorheizen. Ober-/Unterhitze: etwa 200 °C Heißluft: etwa 180 °C

2 Eine Spring- oder Tarteform (Ø 26–28 cm) mit dem fertigen Teig auslegen, dabei einen kleinen Rand hochdrücken.

3 Kichererbsen auf dem Teigboden verteilen. Paprikastücke in Streifen schneiden. Zwiebel abziehen, zuerst in feine Scheiben schneiden, dann in Ringe teilen. Paprikastreifen, Zwiebelringe und Oliven in der Form verteilen.

4 Frischkäse mit Tahini, Eiern, Speisestärke, Salz und Pfeffer verschlagen. Die Frischkäsemasse über die Gemüsezutaten träufeln.

5 Die Form auf dem Rost in den vorgeheizten Backofen (unterste Einschubleiste) schieben. Die Tarte in **etwa 35 Minuten goldbraun und knusprig backen.**

6 Die Form auf einen Rost stellen. Die Tarte kurz abkühlen lassen. Dann aus der Form lösen, in Stücke schneiden und nach Belieben mit vorbereiteten Kräutern bestreut servieren.

TIPP:
Die abgetropfte Flüssigkeit der Kichererbsen (auch Aquafaba genannt) kann als veganer Eiweißersatz verwendet werden. Dazu die Flüssigkeit mit 1 Prise Salz mit den Rührbesen des Mixers oder in der Küchenmaschine mindestens 5 Minuten dickschaumig aufschlagen. Nach Belieben nach und nach etwas Zucker untermixen. Aquafaba, wie Eischnee, zur Lockerung unter Teigmassen (z. B. veganer Kaiserschmarrn-Teig) heben.

TORTELLINI-AUFLAUF MIT PESTO

ZUBEREITUNGSZEIT:
15 Minuten, ohne Auftauzeit
GARZEIT:
etwa 25 Minuten

ZUTATEN FÜR 4 PORTIONEN

FRISCH EINKAUFEN:
500 g Tortellini (aus dem Kühlregal, nach Belieben mit Käse-, Spinat- oder Fleischfüllung)

AUS DEM VORRAT:
3 Scheiben Frühstücksspeck (Bacon, etwa 30 g)
200 g TK-Erbsen
200 g stückige Tomaten (Pizzatomaten, aus der Dose)

100 ml H-Milch (3,5 % Fett)
200 g H-Schlagsahne
4 EL rotes Pesto (aus dem Glas)

50 g ger. Parmesan

PRO PORTION:
E: 23 g, F: 48 g, Kh: 59 g, kcal: 765

1 Frühstücksspeck in grobe Stücke schneiden. Eine Pfanne ohne Fett erhitzen und die Speckstücke darin knusprig braten. Speckstücke auf Küchenpapier geben und abtropfen lassen.

2 Die Tortellini nach Packungsanleitung erhitzen. Erbsen direkt aus der Packung zugeben und kurz mit erhitzen. Nudeln und Erbsen dann in ein Sieb geben, abtropfen lassen und in eine Auflaufform (gefettet) geben.

3 Währenddessen die Tomaten mit Salz und Pfeffer würzen.

4 Tomaten-Mischung und etwa die Hälfte der Speckstücke zur Nudel-Erbsen-Mischung geben und alles vermischen.

5 Den Backofen vorheizen.
Ober-/Unterhitze: etwa 200 °C
Heißluft: etwa 180 °C

6 Für die Pesto-Sahne Milch, Sahne und 2 Esslöffel Pesto verrühren, mit Salz und Pfeffer würzen. Pesto-Sahne über die Tortellini-Mischung gießen. Restliches Pesto in Klecksen darauf verteilen. Den Auflauf mit Parmesan bestreuen.

7 Die Form auf dem Rost (unteres Drittel) in den vorgeheizten Backofen schieben. Den Auflauf **etwa 25 Minuten garen.**

8 Zum Servieren den Auflauf mit den restlichen Speckstücken garnieren.

RAHMGEMÜSE MIT RÖSTI-KRUSTE

VEGETARISCH

ZUBEREITUNGSZEIT:
5 Minuten
BACKZEIT:
etwa 30 Minuten

ZUTATEN FÜR 4 PORTIONEN

AUS DEM VORRAT:
750 g TK-Gemüsemischung nach Geschmack (ungewürzt oder bereits vorgewürzt), z. B. Farmergemüse, Festtagsgemüse oder Gemüsemix nach italienischer oder französischer Art
200 g haltbare Crème fraîche
2 Eier (Größe M)
15 g Speisestärke
ger. Muskatnuss
750 g TK-Rösti-Ecken

PRO PORTION:
E: 51 g, F: 32 g, Kh: 66 g, kcal: 615

1 Das Gemüse direkt aus der Packung/Tüte in eine große flache Auflaufform (gefettet) geben. Die Form auf dem Rost in den Backofen schieben (unterste Einschubleiste).

2 Den Backofen vorheizen.
Ober-/Unterhitze: etwa 230 °C
Heißluft: etwa 210° C (wir empfehlen die Zubereitung mit Heißluft)

3 Währenddessen Crème fraîche mit Eiern und Speisestärke verschlagen. Bei der ungewürzten Gemüsemischung die Creme zusätzlich mit Salz, Pfeffer und Muskat kräftig würzen.

4 Sobald die Backofentemperatur erreicht und das Gemüse angetaut ist, die Eier-Crème-fraîche-Masse auf das Gemüse träufeln und alles durchmischen. Die Rösti-Ecken dicht an dicht darauflegen. Rahmgemüse mit Rösti-Kruste im vorgeheizten Backofen (unterste Einschubleiste) **etwa 30 Minuten goldbraun und knusprig backen.**

5 Gemüse mit Rösti-Kruste anrichten, nach Belieben einen Tomaten-Dip dazu servieren (siehe Extra-Tipp).

TIPP:
Richtig schön würzig wird es, wenn Sie zusätzlich 50 g geriebenen Parmesan oder Gouda und 100 g Schinkenwürfel unter die Eier-Crème-fraîche-Creme mischen.

EXTRA-TIPP:
Servieren Sie zum Auflauf einen schnell gemachten frischen Dip aus Tomaten. Dazu 400 g Tomaten abspülen, abtropfen lassen, halbieren und die Stängelansätze entfernen. Tomaten fein würfeln. Mit ½ Pck. TK-gemischten Kräutern, etwas Salz, Pfeffer und 2 Esslöffeln Olivenöl verrühren.

NUDELAUFLAUF MIT ERBSEN

VEGETARISCH

ZUBEREITUNGSZEIT:
30 Minuten
GARZEIT:
etwa 20 Minuten

ZUTATEN FÜR 4 PORTIONEN

FRISCH EINKAUFEN:
250 g Mozzarella

AUS DEM VORRAT:
350 g Nudeln, z. B. Spirelli
200 g H-Schlagsahne
2 TL Gemüsebrühe Pulver
400 g stückige Tomaten (aus der Dose)
300 g TK-Erbsen
2 EL TK-Schnittlauch

PRO PORTION:
E: 32 g, F: 33 g, Kh: 86 g, kcal: 774

1 Wasser in einem großen Topf zugedeckt zum Kochen bringen. Dann Salz und Nudeln zugeben. Die Nudeln im geöffneten Topf bei mittlerer Hitze nach Packungsanleitung knapp bissfest kochen, dabei gelegentlich umrühren. Anschließend die Nudeln in ein Sieb geben, mit kaltem Wasser abspülen und abtropfen lassen.

2 Mozzarella abtropfen lassen und in kleine Würfel schneiden.

3 Den Backofen vorheizen.
Ober-/Unterhitze: etwa 200 °C
Heißluft: etwa 180 °C

4 Die Sahne in einem Topf unter Rühren erwärmen. Gemüsebrühe unter Rühren darin auflösen. Die Nudeln in eine Auflaufform (gefettet) geben. Stückige Tomaten und Sahne verrühren und auf den Nudeln verteilen.

5 Anschließend gefrorene Erbsen, zwei Drittel der Mozzarella-Würfel und die Schnittlauchröllchen daraufgeben, gut mit den Nudeln vermengen. Das Ganze mit Salz und Pfeffer würzen. Die restlichen Mozzarella-Würfel darauf verteilen.

6 Die Form auf dem Rost in den vorgeheizten Backofen schieben. Den Nudelauflauf **etwa 20 Minuten garen.**

TIPP:
Soll es lieber etwas würziger sein? Dann statt Mozzarella 100 g geriebenen Bergkäse verwenden.

SOMMERGEMÜSE-TARTE

VEGETARISCH

ZUBEREITUNGSZEIT:
10 Minuten
BACKZEIT:
etwa 25 Minuten

ZUTATEN FÜR 4 PORTIONEN

FRISCH EINKAUFEN:
300 g Tarte- oder Quicheteig (Kühlregal; rund ausgerollt Ø 32 cm)
2 große Zucchini (etwa 500 g)

AUS DEM VORRAT:
1 TL getrocknete Kräuter der Provence
3 EL Olivenöl
220 g abgetropfte, vorgegarte Rote-Bete-Knollen (aus dem Glas)
125 g milder Ziegenfrischkäse oder cremiger Schafskäse
2 Eier (Größe M)
100 g H-Schlagsahne
1 TL Knoblauchwürfel (TK oder frisch)
40 g ger. Parmesan

PRO PORTION:
E: 18 g, F: 44 g, Kh: 41 g, kcal: 642

1 Den Backofen vorheizen.
Ober-/Unterhitze: etwa 200 °C
Heißluft: etwa 180 °C

2 Eine Tarte- oder Springform (Ø 28 cm) mit dem Teig mit dem Papier auslegen, dabei den Teig am Rand hochdrücken. Über die Form stehendes Papier abschneiden. Zucchini abspülen, abtrocknen und die Enden abschneiden. Zucchini mit dem Gemüsehobel nicht zu fein hobeln. Zucchini mit etwas Salz, Pfeffer, den getrockneten Kräutern und Olivenöl mischen.

3 Die Rote-Bete-Knollen mittig auf dem Teig verteilen, evtl. größere Knollen halbieren. Die Zucchinischeiben als Rand darumlegen.

4 Ziegenfrischkäse oder Schafskäse mit Eiern, Sahne, Knoblauchwürfeln, Salz und Pfeffer verschlagen und auf den Gemüsebelag träufeln. Mit Parmesan bestreuen.

5 Die Form auf dem Rost in den vorgeheizten Backofen (unterste Einschubleiste) schieben. Die Tarte **in etwa 25 Minuten goldbraun backen.**

TIPP:
Mit noch weniger Handgriffen ist die Tarte im Backofen, wenn Sie statt Zucchini etwa 350 g TK-Erbsen verwenden. Die Erbsen in ein Sieb geben, mit heißem Wasser abspülen, gut abtropfen lassen. Rote-Bete-Knollen und Erbsen auf dem Teig verteilen und wie beschrieben backen.

KÄSESPÄTZLE

VEGETARISCH

ZUBEREITUNGSZEIT:
20 Minuten
BACKZEIT:
etwa 20 Minuten

ZUTATEN FÜR 4 PORTIONEN

AUS DEM VORRAT:
300 g getrocknete Spätzle oder 500 g Eierspätzle (aus dem Kühlregal)
30 g Butter oder Margarine
125 g TK-Zwiebelringe oder -würfel
200 g ger. Gratinkäse, z. B. Emmentaler
ger. Muskatnuss
2–3 EL TK-Schnittlauch

PRO PORTION:
E: 24 g, F: 23 g, Kh: 54 g, kcal: 532

1 Wasser in einem großen Topf zugedeckt zum Kochen bringen. Salz hinzufügen. Die Spätzle nach Packungsanleitung garen.

2 Währenddessen Butter oder Margarine in einer Pfanne zerlassen. Die tiefgekühlten Zwiebeln direkt zugeben und unter Rühren darin bräunen, dann auf einen Teller geben.

3 Den Backofen vorheizen.
Ober-/Unterhitze: etwa 200 °C
Heißluft: etwa 180 °C

4 Die gegarten Spätzle in ein Sieb geben und abtropfen lassen.

5 Die Spätzle abwechselnd mit dem Käse in eine Auflaufform (gefettet) schichten. Dabei mit etwas Pfeffer und Muskat würzen. Die letzte Schicht sollte aus Käse bestehen. Die Form auf dem Rost in den vorgeheizten Backofen schieben. Die Käsespätzle **etwa 20 Minuten backen.**

6 Die Käsespätzle mit gebräunten Zwiebeln und Schnittlauchröllchen bestreut servieren.

TIPPS:
Noch schneller geht es, wenn Sie Röstzwiebeln aus der Packung verwenden.
Es kann schon mal passieren, dass sich nicht alle Mitglieder der Familie zur gleichen Zeit am Tisch einfinden können. Für „Nachzügler“, die erst später ihre Portion Käsespätzle verspeisen, müssen Sie nicht extra noch einmal den Backofen anheizen. Die Spätzle können auch in einer beschichteten Pfanne mit etwas Butter kurz aufgebraten oder in der Mikrowelle nochmals erhitzt werden.
Für das Erhitzen in der Mikrowelle einige Esslöffel Sahne oder einfach etwas Wasser dazugeben.

BLITZ-GEMÜSEMIX-AUFLAUF

VEGETARISCH

ZUBEREITUNGSZEIT:
5 Minuten
GRATINIERZEIT:
15–20 Minuten

ZUTATEN FÜR 4 PORTIONEN

FRISCH EINKAUFEN:
750 g Fleischtomaten

AUS DEM VORRAT:
2–3 EL Olivenöl
evtl. getrocknete Kräuter der Provence
255 g abgetropfte Bohnenkerne (nach Belieben weiß oder rot, aus der Dose)
280 g abgetropfter Gemüsemais-Mix (aus der Dose oder TK; Mischung aus Gemüsemais, Erbsen und Paprikastückchen)
40 g Röstzwiebeln (Fertigprodukt)
200 g ger. Mozzarella oder 250 g Mini-Mozzarella-Kugeln

PRO PORTION:
E: 17 g, F: 30 g, Kh: 39 g, kcal: 529

1 Den Backofen vorheizen.
Ober-/Unterhitze: etwa 220 °C
Heißluft: etwa 200 °C

2 Tomaten abspülen, trocken tupfen, halbieren und die Stängelansätze herausschneiden. Tomaten in etwa 1 cm dicke Scheiben schneiden. Die Tomatenscheiben in einer großen flachen Auflaufform (mit Olivenöl bestrichen) oder in 4 Portions-Auflaufförmchen (mit Olivenöl bestrichen) verteilen. Mit Salz, Pfeffer und nach Belieben Kräutern der Provence würzen.

3 Bohnenkerne, Mais-Mix und Röstzwiebeln auf den Tomatenscheiben verteilen. Mit Mozzarella bestreuen oder mit Mozzarella-Kugeln belegen.

4 Die Form oder die Förmchen auf dem Rost in den vorgeheizten Backofen schieben. Gemüsemix-Auflauf im vorgeheizten Backofen **15–20 Minuten goldbraun gratinieren.**

BEILAGE:
Ofenfrisches Baguette.

TIPP:
Diesen Auflauf können Sie ganz nach Lust, Laune und Ihrem Geschmack immer wieder neu variieren. Viele vorgegarte Gemüsesorten und Hülsenfrüchte aus Dose oder Glas lassen sich hier einsetzen. Probieren Sie auch einmal Artischockenherzen, Pilze, geröstete Paprikaschoten, grüne Bohnen, Bohnenkerne, Kichererbsen oder auch Mischungen wie z. B. Ratatouille-Mix. Tiefgekühltes Gemüse ist nicht geeignet, da es bei der kurzen Garzeit im Ofen nicht ausreichend durcherhitzt wird.

GYROS-PIZZA

ZUBEREITUNGSZEIT:
20 Minuten
BACKZEIT:
10–12 Minuten

ZUTATEN FÜR 4 PORTIONEN

FRISCH EINKAUFEN:
300 g Gyrosfleisch (fertig mariniert)
1 Pck. Pizzateig mit Tomatensauce (400 g + 200 g, aus dem Kühlregal)

AUS DEM VORRAT:
1–2 EL Olivenöl
200 g passierte Tomaten (aus der Dose)
etwa 70 g abgetropfte Peperoni (aus dem Glas)
150 g ger. Gouda
1 EL TK-Petersilie

PRO PORTION:
E: 32 g, F: 28 g, Kh: 53 g, kcal: 598

1 Jeweils etwas Olivenöl in einer großen Pfanne erhitzen. Das Gyrosfleisch darin portionsweise unter Wenden bei mittlerer bis starker Hitze kräftig anbraten, anschließend aus der Pfanne nehmen.

2 Den Backofen vorheizen.
Ober-/Unterhitze: etwa 220 °C
Heißluft: etwa 200 °C

3 Den Pizzateig auf einem Backblech (30 x 40 cm, gefettet, mit Backpapier belegt) entrollen.

4 Die Tomatensauce (aus der Packung) mit den passierten Tomaten in einer Schüssel verrühren. Die Tomatensauce gleichmäßig auf dem Teig verstreichen.

5 Gyros und Peperoni darauf verteilen und mit dem Käse bestreuen.

6 Das Backblech in den vorgeheizten Backofen schieben. Die Pizza nach Packungsanleitung **10–12 Minuten backen.**

7 Die Pizza in 4 gleich große Stücke schneiden und mit der Petersilie bestreut servieren.

TIPPS:
Sie können auch fertig gebratenes Gyros vom Vortag verwenden. Statt Gyrosfleisch können Sie auch 300 g Hähnchen- oder Putengeschnetzeltes in Olivenöl anbraten, mit Salz, Pfeffer und Paprikapulver würzen und auf den Teig geben.

SEELACHS-GRATIN MIT DIP UND POTATO-WEDGES

ZUBEREITUNGSZEIT:
10 Minuten
GARZEIT:
20–25 Minuten

ZUTATEN FÜR 4 PORTIONEN

AUS DEM VORRAT:
500–750 g TK-Kartoffel-Wedges
4 Stücke festes Fischfilet (je etwa 150 g; TK, aufgetaut oder frisch), z. B. Seelachs, Bio-Kabeljau
2 TL Tomatenmark
evtl. 1–2 EL gehacktes Basilikum (TK oder frisch)
35 g ger. Parmesan
40 g geraspelter Gouda

FÜR DEN DIP:
75 g abgetropfte, geröstete Paprikaschoten (aus dem Glas)
200 g haltbarer Doppelrahm-Frischkäse
2–3 EL H-Milch
75 g abgetropfter Gemüsemais (aus der Dose)

PRO PORTION:
E: 42 g, F: 31 g, Kh: 30 g, kcal: 576

1 Den Backofen vorheizen. Ober-/Unterhitze: etwa 220 °C Heißluft: etwa 200 °C

2 Die Kartoffel-Wedges auf die Hälfte eines Backblechs (mit Backpapier belegt) legen und gleichmäßig verteilen. Das Backblech in den vorgeheizten Backofen schieben. Wedges nach Packungsanleitung **20–25 Minuten backen,** dabei 2–3-mal wenden.

3 In der Zwischenzeit die Fischstücke mit Küchenpapier abtupfen, mit Salz und Pfeffer würzen. Mit Tomatenmark dünn bestreichen, nach Belieben mit etwas Basilikum bestreuen. Die Fischstücke dicht an dicht in eine flache Auflaufform (gefettet) legen. Parmesan mit Gouda mischen und daraufstreuen. Die Form mit den Filets nach etwa 20 Minuten mit auf das Backblech setzen und alles fertig garen.

4 Für den Dip Paprikaschoten sehr fein hacken. Mit Frischkäse, Milch und Mais zu einem glatten Dip verrühren. Mit Pfeffer und evtl. noch etwas Salz abschmecken. Fischfilets, Wedges und Frischkäse-Dip anrichten.

GEMÜSEPFANNKUCHEN MIT SPINAT

VEGETARISCH

ZUBEREITUNGSZEIT:
15 Minuten, ohne Ruhe- und Abkühlzeit

BACKZEIT:
etwa 15 Minuten

ZUTATEN FÜR 4 PORTIONEN

AUS DEM VORRAT FÜR DIE PFANNKUCHEN:

- 120 g Weizenmehl
- 2 Eier (Größe M)
- 250 ml H-Milch (3,5 % Fett)
- 2 TL TK-Petersilie
- 2 EL Butter, Margarine oder Speiseöl

- 1 Zwiebel (etwa 100 g)
- 1 Knoblauchzehe
- 2 EL Butter, Margarine oder Speiseöl
- 300 g TK-Blattspinat, aufgetaut
- 1 Bio-Zitrone (unbehandelt, ungewachst)
- 250 g haltbarer Frischkäse

PRO PORTION:
E: 14 g, F: 18 g, Kh: 11 g, kcal: 270

1 Für den Teig Weizenmehl in eine Rührschüssel geben. Eier mit Milch 1 Prise Salz und Petersilie verschlagen. Eiermilch nach und nach unter Rühren zum Mehl geben. Darauf achten, dass keine Klümpchen entstehen. Den Teig evtl. 20–30 Minuten ruhen lassen.

2 Etwas Butter, Margarine oder Öl in einer beschichteten Pfanne (Ø etwa 20 cm) zerlassen. Den Teig gut durchrühren und eine dünne Teiglage mit einer drehenden Bewegung auf dem Boden der Pfanne verteilen. Pfannkuchen von beiden Seiten etwa 2 Minuten goldbraun braten. Bevor der Pfannkuchen gewendet wird, wieder etwas Butter in die Pfanne geben. Pfannkuchen warm stellen. Aus dem restlichen Teig weitere Pfannkuchen backen.

3 Den Backofen vorheizen.
Ober-/Unterhitze: etwa 160 °C
Heißluft: etwa 140 °C

4 Zwiebel und Knoblauch abziehen. Die Zwiebel fein würfeln und den Knoblauch durch eine Knoblauchpresse drücken. Butter, Margarine oder in einer kleinen Pfanne zerlassen. Zwiebelwürfel und Knoblauch darin andünsten. Ausgedrückten Blattspinat hinzugeben und kurz mitdünsten. Zwiebel-Knoblauch-Spinat-Mischung etwas abkühlen lassen.

5 Die Zitrone heiß abwaschen, abtrocknen und die Schale abreiben. Zitrone halbieren und den Saft auspressen. Frischkäse in eine Schüssel geben. Die Zwiebel-Knoblauch-Spinat-Mischung und Zitronenschale unterrühren. Mit Salz, Pfeffer und etwas Zitronensaft kräftig würzen.

6 Die Spinat-Frischkäse-Masse auf den Pfannkuchen verteilen, aufrollen und mit der Nahtseite nach unten auf ein Backblech (mit Backpapier belegt) legen. Das Backblech in den vorgeheizten Backofen schieben. Die gefüllten Rollen **etwa 15 Minuten backen.**

TIPP:
Evtl. zusätzlich 1 große Tomate abspülen, trocken tupfen und den Stängelansatz herausschneiden. Tomate vierteln, entkernen und das Fruchtfleisch in feine Würfel schneiden. 2 Esslöffel Pinienkerne in einer Pfanne ohne Fett unter Wenden goldbraun rösten. 2 Stängel Basilikum abspülen, trocken tupfen und die Blättchen von den Stängeln zupfen. Die fertig gebackenen Pfannkuchen mit Tomatenwürfeln, Pinienkernen und Basilikumblättchen bestreuen.

SNACKS

Seite 158-179

Kleine Köstlichkeiten, ob zu Beginn einer Mahlzeit, mal zwischendurch serviert oder für Überraschungsgäste gezaubert, sind schnell gemacht und kommen gut an.

BAUERNSCHNITTEN MIT ZWEIERLEI KÄSEKRUSTE

VEGETARISCH

ZUBEREITUNGSZEIT:
15 Minuten
ÜBERBACKZEIT:
etwa 5 Minuten

ZUTATEN FÜR 4 PORTIONEN

FRISCH EINKAUFEN:
6 Scheiben Bauernbrot
(je etwa 45 g; 1 cm dick)

AUS DEM VORRAT:
4 EL Olivenöl
50 g TK-Zwiebel-Knoblauch-Mix
1 TL Tomatenmark
600 g TK-Brokkoliröschen
ger. Muskatnuss
150 g H-Schlagsahne
250 g Weichkäse, z. B. Weichkäse mit Weißschimmel und Rotkulturen oder Camembert
150 g ger. mittelalter Gouda
6 EL gehobelte Haselnusskerne

PRO PORTION:
E: 37 g, F: 55 g, Kh: 34 g, kcal: 787

1 Den Backofen vorheizen.
Ober-/Unterhitze: etwa 220 °C
Heißluft: etwa 200 °C

2 In einer Pfanne 2 Esslöffel Olivenöl erhitzen. 3 Scheiben Brot darin von beiden Seiten kurz rösten. Die Brotscheiben auf einem Backblech (mit Backpapier belegt) verteilen. Die restlichen Scheiben in der Pfanne im restlichen Olivenöl rösten und auf dem Backblech verteilen. Brotscheiben leicht mit Salz bestreuen.

3 Die Zwiebel-Knoblauch-Mischung in dem verbliebenen Bratfett unter Wenden anbraten. Tomatenmark unterrühren und kurz mit anrösten. Die gefrorenen Brokkoliröschen hinzugeben und kurz andünsten. Mit Salz, Pfeffer und Muskat würzen. Sahne hinzugießen. Die Brokkoliröschen zugedeckt bei starker Hitze etwa 4 Minuten knapp gar dünsten.

4 Dann den Deckel von der Pfanne abheben, Brokkoliröschen bei starker Hitze unter vorsichtigem Wenden braten, bis die entstandene Flüssigkeit vollständig verdampft ist. In der Zwischenzeit Weichkäse in Scheiben schneiden.

5 Die Brokkoliröschen auf den Brotscheiben verteilen. Die Weichkäsescheiben, den geriebenen Gouda und die Nusskerne darauf verteilen. Das Backblech in den vorgeheizten Backofen schieben. Die Brotscheiben **etwa 5 Minuten goldbraun überbacken.**

6 Nach Belieben einen knackigen, rasch gemachten Vitamin-Salat aus Kohlrabi dazu servieren (siehe Extra-Tipp).

TIPP:
Sie können die Brotscheiben auch unter dem vorgeheizten Backofengrill goldbraun überbacken.

EXTRA-TIPP:
Für einen schnellen, vitaminreichen Feierabend-Salat (für 4 Personen) 1 mittelgroße Kohlrabi (etwa 350 g) schälen, vierteln und auf einem Küchenhobel in feine Scheiben hobeln. 1 Esslöffel Apfelessig mit Salz, Pfeffer, 1 Prise Zucker, 1 Teelöffel mittelscharfem Senf und 2 Esslöffeln Olivenöl verschlagen. 2 Esslöffel Schnittlauchröllchen (TK oder frisch) und Kohlrabischeiben unterheben. 250 g Tomaten abspülen, trocken tupfen, halbieren und die Stängelansätze entfernen. Tomatenhälften in Würfel schneiden und vorsichtig unter den Vitamin-Salat mischen. Nochmals mit Salz und Pfeffer abschmecken.

SALAT-MIX MIT GRILLED-CHEESE-TOASTS

VEGETARISCH

ZUBEREITUNGSZEIT:
20 Minuten

ZUTATEN FÜR 4 PORTIONEN

FRISCH EINKAUFEN:
250 g Salat-Mix (aus dem Frischbeutel oder der Salatbar)

AUS DEM VORRAT:
12 Scheiben Sandwichtoast
4 EL Butter (zimmerwarm)
6 EL fruchtiges Mango-Chutney (aus dem Glas)
12 Scheiben Cheddar (je 30–40 g)

6 EL fertiges Salat-Dressing, z. B. Kräuter-Vinaigrette

PRO PORTION:
E: 32 g, F: 51 g, Kh: 49 g, kcal: 784

1 Salat-Mix mit kaltem Wasser gründlich abspülen, abtropfen lassen oder trocken schleudern.

2 Toastscheiben auf beiden Seiten dünn mit Butter bestreichen. Eine große, beschichtete Pfanne erhitzen, je 2–3 Toastscheiben darin zunächst auf beiden Seiten kurz goldbraun anrösten. Temperatur reduzieren.

3 Die Toastscheiben in der Pfanne jeweils auf einer Seite mit etwas Mango-Chutney bestreichen. Je 1 Scheibe Käse auflegen. Die Toast-Käse-Scheiben dann unter mehrmaligem Wenden weiterbraten, bis der Käse zu schmelzen beginnt. Dabei die Scheiben beim Braten auf der Käseseite etwas in der Pfanne hin und her bewegen.

4 Toast aus der Pfanne nehmen, diagonal halbieren und überklappen. Übrige Toast-Scheiben und Käse ebenso zubereiten.

5 Salat auf Teller verteilen, mit Dressing beträufeln. Mit den Grilled-Cheese-Toasts anrichten.

SPEED-TIPP:
Sie haben eine Mikrowelle oder Backofen mit schnell aufheizbarer Grillfunktion? Dann lassen sich die Toast-Ecken darin auch gleich auf einmal zubereiten. Dafür die Toasts auf einem mit Backpapier belegten Backblech verteilen. Mit Chutney bestreichen und den Käse auflegen. Unter dem heißen Grill erhitzen, bis der Käse zu schmelzen beginnt. Scheiben diagonal halbieren und überklappen und nochmals kurz von beiden Seiten rösten.

ÜBERBACKENES BAGUETTE MIT FRISCHKÄSE

VEGETARISCH

ZUBEREITUNGSZEIT:
10 Minuten
ÜBERBACKZEIT:
etwa 15 Minuten

ZUTATEN FÜR 4 PORTIONEN

FRISCH EINKAUFEN:
2 Tomaten (etwa 200 g)

AUS DEM VORRAT:
400 g haltbarer Doppelrahm-Frischkäse mit Kräutern
1 EL Butter oder Margarine (zimmerwarm)
1 Ei (Größe M)
1 TL getrockneter Oregano
2 Baguettes (je 250 g, zum Aufbacken)
2 TL abgetropfte Kapern oder Oliven in Scheiben (aus dem Glas)

evtl. einige vorbereitete Basilikumblättchen zum Garnieren

PRO PORTION:
E: 23 g, F: 31 g, Kh: 74 g, kcal: 671

1 Den Frischkäse mit Butter oder Margarine und Ei in eine Schüssel geben und zu einer cremigen Masse verrühren.

2 Die Tomaten abspülen, abtrocknen, halbieren und in sehr kleine Würfel schneiden, dabei die Stängelansätze herausschneiden. Tomatenwürfel mit der Frischkäsemasse verrühren, mit Oregano, evtl. Salz und Pfeffer würzen.

3 Den Backofen vorheizen.
Ober-/Unterhitze: etwa 200 °C
Heißluft: etwa 180 °C

4 Die Baguettes halbieren und jeweils waagerecht aufschneiden, sodass 8 Baguettestücke entstehen.

5 Die Frischkäsemasse gleichmäßig bis zum Rand auf den Baguettestücken verteilen. Backblech oder Rost mit Backpapier belegen und die Baguettestücke mit der bestrichenen Seite nach oben darauflegen. Die Kapern auf die Frischkäsemasse streuen und etwas eindrücken.

6 Den Rost oder das Backblech in den vorgeheizten Backofen schieben. Die Baguettestücke **etwa 15 Minuten überbacken.**

7 Die Baguettestücke aus dem Backofen nehmen und nach Belieben mit Basilikumblättchen garniert servieren.

FEIERABEND-XXL-BROT-PIZZA

VEGETARISCH

ZUBEREITUNGSZEIT:
10 Minuten
RÖSTZEIT:
7–8 Minuten

ZUTATEN FÜR 4 PORTIONEN

FRISCH EINKAUFEN:
4–6 große oder 8 kleine Scheiben Bauernbrot
2 Fleischtomaten
250 g Mozzarella

AUS DEM VORRAT:
2 Knoblauchzehen
6–7 EL Olivenöl
100 g Zwiebelwürfel (TK oder frisch)
450 g abgetropfte Champignonscheiben (aus dem Glas)
½ TL getrocknete italienische Kräuter
4 EL Schnittlauchröllchen (TK oder frisch)

PRO PORTION:
E: 24 g, F: 31 g, Kh: 33 g, kcal: 526

1 Den Backofen vorheizen.
Ober-/Unterhitze: etwa 220 °C
Heißluft: etwa 200 °C

2 Brotscheiben auf einem Backblech (mit Backpapier belegt) verteilen. Knoblauch abziehen, durch eine Knoblauchpresse drücken und mit dem Olivenöl verrühren. Die Brotscheiben von beiden Seiten dünn mit etwas von dem Knoblauchöl bestreichen. Das Backblech in den vorgeheizten Backofen schieben. Die Brotscheiben **etwa 5 Minuten rösten,** dabei zwischendurch einmal wenden.

3 Inzwischen restliches Knoblauchöl in einer großen Pfanne erhitzen. Die Zwiebelwürfel darin unter Wenden kurz anbraten. Dann die Champignonscheiben hinzugeben und bei starker Hitze unter Wenden braun braten. Mit Salz, Pfeffer und getrockneten Kräutern würzen.

4 Tomaten abspülen, trocken tupfen und die Stängelansätze herausschneiden. Tomaten in dicke Scheiben schneiden.

5 Mozzarella abtropfen lassen und in Scheiben schneiden.

6 Das Backblech aus dem Backofen nehmen. Tomaten und Pilze auf den Brotscheiben verteilen. Die Mozzarella-Scheiben auf dem Belag verteilen. Das Backblech wieder in den heißen Backofen schieben, die Brotscheiben **weitere 2–3 Minuten rösten** und den Käse anschmelzen lassen.

TIPP:
Für dieses schnelle Feierabend-Gericht ist auch Brot perfekt, das schon etwas älter ist. Im Backofen, mit Knoblauchöl geröstet, wird es herrlich knusprig und schmeckt wie frisch gekauft.

FLAMMKUCHEN

ZUBEREITUNGSZEIT:
10 Minuten
BACKZEIT:
10–15 Minuten

ZUTATEN FÜR 4 PORTIONEN

FRISCH EINKAUFEN:
1 Rolle Blätterteig (270 g, ca. 40 x 24 cm, aus dem Kühlregal)

AUS DEM VORRAT:
150 g haltbare Crème fraîche
1 Beutel oder Pck. Saucenpulver für Pfeffersauce
100 g Speck- oder Schinkenwürfel
etwas TK-Petersilie

PRO PORTION:
E: 12 g, F: 47 g, Kh: 44 g, kcal: 646

1. Den Backofen vorheizen. Ober-/Unterhitze: etwa 220 °C Heißluft: etwa 200 °C

2. Blätterteigplatte inklusive Backpapier auf einem Backblech entrollen und in 8 Stücke schneiden.

3. Für den Belag Crème fraîche mit Pfeffersaucenpulver glatt rühren und auf den Teigstücken verstreichen.

4. Speck oder Schinken darauf verteilen. Das Backblech in den vorgeheizten Backofen schieben (unterste Einschubleiste) und dann den Flammkuchen **10–15 Minuten backen.**

5. Flammkuchen mit dem Backpapier vom Backblech auf einen Kuchenrost ziehen. Den Flammkuchen etwas abkühlen lassen. Mit Petersilie bestreut servieren.

TIPPS:
Flammkuchen schmeckt warm und kalt.
Verrühren Sie für den Belag statt Speck 150 g fein geschnittene Champignons mit Crème fraîche und dem Saucenpulver.
Wer es besonders saftig-würzig liebt, streut zusätzlich 100 g geriebenen Mozzarella oder Gouda auf den Flammkuchen.

TOAST-TÖRTCHEN AUS DER MUFFINFORM

ZUBEREITUNGSZEIT:
15 Minuten
GARZEIT:
Törtchen 20–25 Minuten
GARZEIT:
Sauce etwa 15 Minuten

ZUTATEN FÜR 4 PERSONEN

FRISCH EINKAUFEN:
4 EL Kräuterbutter
200 g Mozzarella
1 Töpfchen/Bund Basilikum (alternativ TK-Basilikum)

AUS DEM VORRAT:
400 g TK-Frühlingsgemüse-Mix
12 Scheiben Vollkorn-Toast
3 Eier (Größe M)
evtl. ger. Muskatnuss
125 ml H-Milch (3,5 % Fett)

FÜR DIE SAUCE:
100 g softgetrocknete Aprikosen
50 g Zwiebelwürfel (TK oder frisch)
400 g stückige Tomaten (aus der Dose)
3 EL Butter

PRO PORTION:
E: 31 g, F: 33 g, Kh: 64 g, kcal: 729

1 Den Backofen vorheizen. Ober-/Unterhitze: etwa 180 °C Heißluft: etwa 160 °C

2 In einem Topf 2 Esslöffel Kräuterbutter zerlassen. Das gefrorene Frühlingsgemüse hinzugeben und zugedeckt bei schwacher Hitze ziehen lassen. Dabei zwischendurch umrühren.

3 In der Zwischenzeit von den Toastscheiben evtl. die Ränder abschneiden. Scheiben mit einer Teigrolle möglichst flach ausrollen und sorgfältig in die Mulden einer Muffinform (für 12 Muffins, mit Speiseöl gefettet) drücken, ohne dass die Scheiben zerreißen.

4 Mozzarella fein würfeln. Eier mit Salz, Pfeffer, evtl. Muskat und Milch verschlagen.

5 Das vorgegarte Gemüse evtl. etwas abtropfen lassen. Gemüse und Käsewürfel in den Mulden der Muffinform verteilen. Den Eierguss vorsichtig darübergießen.

6 Die Form auf dem Rost in den vorgeheizten Backofen (untere Einschubleiste) schieben und die Törtchen **in 20–25 Minuten goldbraun backen.**

7 In der Zwischenzeit für die Sauce die Aprikosen würfeln, mit Zwiebelwürfeln und der restlichen Kräuterbutter in einem Topf glasig dünsten. Stückige Tomaten hinzugeben, würzen und ohne Deckel etwa 15 Minuten kochen lassen. Dabei gelegentlich umrühren.

8 Basilikum abspülen, trocken tupfen und die Blättchen von den Stängeln zupfen, Blättchen klein schneiden. Die Tomatensauce pürieren, dabei die Butter mit untermixen. Sauce mit Salz und Pfeffer abschmecken, Basilikum unterrühren.

9 Die Form aus dem Backofen nehmen und auf einen Rost setzen. Toast-Törtchen kurz abkühlen lassen, dann aus der Form lösen. Je 3 Törtchen auf Tellern anrichten und die Sauce dazureichen.

HÄHNCHEN-GEMÜSE-FAJITAS

ZUBEREITUNGSZEIT:
20 Minuten

ZUTATEN FÜR 4 PERSONEN

AUS DEM VORRAT:
200 g geröstete Paprikahälften (aus dem Glas)
2 EL Olivenöl
500 g vorgebratene Hähnchenbrust oder Hähnchengeschnetzeltes (nach Geschmack natur oder vorgewürzt aus dem Kühlregal)
2 EL TK Zwiebelringe oder -würfel
evtl. 1 TL Kräuter der Provence
240 g gut abgetropfte Artischockenherzen (aus der Dose)

4–6 Tortilla Weizen- oder Maisfladen (z. B. aus dem Brotregal)
4–6 EL haltbare Crème fraîche

PRO PORTION:
E: 39 g, F: 24 g, Kh: 47 g, kcal: 571

1 Paprika abtropfen lassen und in Stücke schneiden. 1 Esslöffel Öl in einer großen Pfanne erhitzen. Die Hähnchenstreifen darin bei starker Hitze unter Wenden etwa 1 Minute anbraten. TK-Zwiebelwürfel zugeben und alles unter Wenden weitere etwa 2 Minuten kräftig braun braten. Sofern ungewürztes Fleisch verwendet wird, mit Salz, Pfeffer und Kräutern würzen. Auf einen Teller geben und warm stellen.

2 Restliches Öl in der Pfanne erhitzen. Paprikastücke darin unter Wenden kurz anbraten. Die Artischocken vorsichtig gründlich ausdrücken, halbieren. Artischocken mit in die Pfanne geben und das Gemüse etwa 1 weitere Minute kräftig braten. Fleisch wieder zugeben, kurz schmoren lassen.

3 In der Zwischenzeit eine weitere Pfanne erhitzen. Die Tortillafladen darin nacheinander kurz auf beiden Seiten anrösten. Fladen mit je 1 Esslöffel Crème fraîche bestreichen. Hähnchen-Gemüse-Mix portionsweise daraufgeben. Fladen aufrollen, halbieren und sofort anrichten.

SPEED-TIPP:
Noch schneller geht es, wenn Sie statt Zwiebeln und Paprika einfach Letscho (würziger Paprika-Gemüse-Mix aus dem Glas) mit Artischocken und Fleisch kurz schmoren.

VEGETARISCHES CHILI IN TACO-SCHÄLCHEN

ZUBEREITUNGSZEIT:
10 Minuten
GARZEIT:
etwa 15 Minuten

ZUTATEN FÜR 4 PORTIONEN

FRISCH EINKAUFEN:
evtl. 2 Römersalat-Herzen (etwa 350 g)

AUS DEM VORRAT:
4 EL Olivenöl
50 g Zwiebelwürfel (TK oder frisch)
2 Knoblauchzehen
575 g Süßkartoffeln (Bataten)
Paprikapulver edelsüß
evtl. Chiliflocken oder grob geschrotete Chilischoten
125 ml Instant-Gemüsebrühe
400 g stückige Tomaten (aus der Dose)
265 g abgetropfter Mais-Gemüse-Mix mit Kidneybohnen (aus der Dose)
12 Taco-Schälchen (135 g Taco-Shells; aus Maismehl)
evtl. geschroteter Chili/ Cayennepfeffer

250–300 g haltbare saure Sahne

PRO PORTION:
E: 11 g, F: 34 g, Kh: 69 g, kcal: 637

1 Olivenöl in einer Pfanne erhitzen. Die Zwiebelwürfel darin anschwitzen. Knoblauch abziehen, durch eine Knoblauchpresse hinzudrücken und goldbraun mit anbraten.

2 In der Zwischenzeit Süßkartoffeln schälen, abspülen, abtropfen lassen und in etwa 1 cm große Würfel schneiden. Süßkartoffelwürfel zu den Zwiebelwürfeln in die Pfanne geben und unter Wenden etwa 2 Minuten mit andünsten. Mit Salz, Pfeffer, Paprikapulver und evtl. Chili würzen. Brühe hinzugießen, alles zugedeckt zum Kochen bringen und bei schwacher bis mittlerer Hitze etwa 8 Minuten dünsten.

3 Den Backofen vorheizen.
Ober-/Unterhitze: etwa 180 °C
Heißluft: etwa 160 °C

4 Nach Belieben Salat putzen, abspülen, abtropfen lassen, in feine Streifen schneiden und trocken schleudern.

5 Die Tomaten und den Mais-Mix zu den Süßkartoffelwürfeln geben und unterrühren. Das Chili nochmals würzig abschmecken und ohne Deckel unter gelegentlichem Wenden etwa 5 Minuten kochen lassen, sodass die Flüssigkeit sämig einkocht.

6 Die Taco-Schälchen auf einem Backblech (mit Backpapier belegt) verteilen. Das Backblech in den vorgeheizten Backofen schieben. Die Tacoschälchen nach Packungsanleitung **etwa 3 Minuten erhitzen.**

7 Vegetarisches Chili evtl. nochmals mit Chili und Cayennepfeffer abschmecken. Mit Taco-Schälchen, Salatstreifen und saurer Sahne servieren. Die Taco-Shells dann bei Tisch selbst füllen und aus der Hand essen.

THUNFISCH-BURGER

ZUBEREITUNGSZEIT:
15 Minuten

ZUTATEN FÜR 4 PORTIONEN

FRISCH EINKAUFEN:
1 Fleischtomate

AUS DEM VORRAT:
150 g abgetropfter Thunfisch (aus der Dose, naturell, in eigenem Saft)

4 XXL-Sesam-Burger-Brötchen (aus dem Brotregal)
2 TL Pesto (aus dem Glas)
4 EL Salatmayonnaise

PRO PORTION:
E: 15 g, F: 28 g, Kh: 38 g, kcal: 470

1 Thunfisch fein zerzupfen. Tomate abspülen, abtrocknen, halbieren und den Stängelansatz herausschneiden. Tomate in etwa 1 cm dicke Scheiben schneiden.

2 Burgerbrötchen auf den unteren Hälften dünn mit je 1 Teelöffel Pesto bestreichen. Beide Hälften dann mit Mayonnaise bestreichen. Thunfisch auf den unteren Brötchenhälften verteilen. Je 1–2 Tomatenscheiben auflegen. Obere Burgerhälften auflegen, andrücken.

3 Eine beschichtete Pfanne auf niedrige bis mittlere Temperatur erhitzen. Die Burgerbrötchen einlegen, mit einem schweren, geraden Deckel oder Teller beschweren. Brötchen unter gelegentlichem Wenden (Achtung, brennen rasch an!) auf beiden Seiten knusprig rösten.

TIPP:
Ihr Supermarkt hat keine XXL-Burger-Brötchen im Programm? Dann einfach die klassischen Burger-Brötchen kaufen und pro Person ruhig ½–1 Burger mehr zubereiten.
Die Burger schmecken übrigens auch abgekühlt sehr lecker.

EXTRA-TIPP:
Burger halbieren und z. B. mit rasch gemachtem Gurkensalat anrichten: **Gurkensalat mit Schmand-Dressing:** 2 mittelgroße Salatgurken schälen. Einen Küchenhobel über ein großes, feines Sieb legen. Gurken damit in feine Scheiben hobeln.
Mit etwa 1 Teelöffel Salz gründlich vermischen, etwa 10 Minuten ziehen und kurz abtropfen lassen.
In der Zwischenzeit 2 Esslöffel (75 g) H-Schmand, Pfeffer und nach Belieben 1 Esslöffel TK-Kräuter (z. B. Dill oder Borretsch) in einer Schüssel verrühren. Gurkenscheiben nochmals durchmischen, eventuell leicht ausdrücken. Gurken zum Dressing geben und gründlich durchmischen. Gurkensalat nach Geschmack mit etwas Salz nachwürzen.

WEISSWURST-GRÖSTEL-BURGER

ZUBEREITUNGSZEIT:
15 Minuten
BACKZEIT:
etwa 15 Minuten

ZUTATEN FÜR 4 PORTIONEN

AUS DEM VORRAT:
4 Laugengebäck-Stangen oder -Brötchen (z. B. TK zum Aufbacken)
200 g fertig gekaufter Krautsalat (z. B. aus der Frische- oder Kühltheke)
4–6 Weißwürste (aus dem Kühlregal oder aus der Dose)
1 TL Sonnenblumenöl
3 TL körniger Senf
6 EL Röstzwiebeln

evtl. etwas Butter

PRO PORTION:
E: 15 g, F: 23 g, Kh: 48 g, kcal: 475

1 Laugengebäck auf einem Backblech (mit Backpapier belegt) verteilen und nach Packungsanleitung kurz antauen lassen. Währenddessen den Backofen vorheizen:
Ober-/Unterhitze: etwa 200 °C
Heißluft: etwa 180 °C

2 Laugengebäck im vorgeheizten Backofen nach Packungsanleitung **etwa 15 Minuten goldbraun backen.** Inzwischen Krautsalat gut abtropfen lassen. Weißwürste aus den Hüllen lösen, in Scheiben schneiden.

3 Öl in einer beschichteten Pfanne erhitzen. Die Wurstscheiben darin unter Wenden zartbraun anbraten. Den Senf untermischen und die Zwiebeln darüberstreuen.

4 Laugenstangen kurz abkühlen lassen, waagerecht aufschneiden. Untere Hälften nach Belieben mit etwas Butter bestreichen. Krautsalat zusätzlich mit Händen ausdrücken, auf den unteren Laugenstangen-Hälften verteilen. Wurst-Mischung darauf verteilen. Die oberen Laugenstangen-Hälften auflegen. Stangen evtl. schräg halbieren, in Butterbrotpapier-Tütchen anrichten und servieren.

TIPP:
Auch als Selfservice eine prima Idee: Für die Familie einfach Weißwurst-Gröstl-Mischung direkt aus der Pfanne servieren. Dazu kann sich jeder beim Krautsalat und dem Laugengebäck bedienen und sich selbst einen Weißwurst-Laugen-Burger zusammenstellen.

GÜDE MESSER
SOLINGEN GERMANY

IMPRESSUM

HINTER JEDEM TOLLEN BUCH STECKT EIN STARKES TEAM

Projektleitung: *Carola Reich*
Redaktion: *Annette Riesenberg*
Lektorat: *Susanne Noll, Hennef*
Rezeptentwicklung und -beratung: *Susanne Raht, Hamburg*
Nährwertberechnungen:
Nutri Service, Hennef, Angelika Ilies, Langen
Gestaltung: *Büro 18, Friedberg/Bayern*
Satz und Layout: *MDH Haselhorst, Bielefeld*
Herstellung: *Frank Jansen*
Producing: *Jan Russok*
Druck & Bindung: *aprinta druck GmbH, Wemding*

UNSER VERLAGSHAUS

Mit Standorten in München, Hamburg und Berlin zählt die Edel Verlagsgruppe zu den größten unabhängigen Buchanbietern Deutschlands. Zur Edel Verlagsgruppe gehört unter anderem ZS mit seinen Lizenzmarken Dr. Oetker Verlag, Kochen & Genießen und Phaidon by ZS.

Die Bücher und E-Books unter der Marke Dr. Oetker Verlag erscheinen als Lizenz in der Edel Verlagsgruppe GmbH
www.oetker-verlag.de
www.facebook.com/Dr.OetkerVerlag
www.instagram.com/Dr.OetkerVerlag

FÜR DIE UMWELT

ZS unterstützt bei der Produktion dieses Buches das Projekt „Junge Riesen für die nächsten 100 Jahre" im Naturpark Nossentiner/Schwinzer Heide. Damit wird ein Anteil der unvermeidbaren CO_2-Emissionen im direkten Umfeld des Produktionsstandortes kompensiert.

PARTNER Naturpark Nossentiner/Schwinzer Heide
www.optimal-media.com/naturschutzprojekt-001

LIEBE LESERINNEN, LIEBE LESER,

seit 130 Jahren gibt es Dr. Oetker Bücher, viele davon sind seit Jahrzehnten im Programm. Mit jedem Buch, mit jeder Aktualisierung eines unserer Klassiker erfinden wir uns neu. Was bleibt, ist immer der Kern unserer Bücher: praktisch müssen sie sein und funktionieren muss alles. Gerne auch mal den einen oder anderen Kniff anbieten, den Sie vielleicht noch nicht kannten. Deshalb kommen Ihnen die Dr. Oetker Bücher so modern und frisch und doch so vertraut vor.

Viel Spaß und viel Erfolg wünschen wir Ihnen auch mit diesem Buch.
Ihre Dr. Oetker Verlagsredaktion

1. Auflage 2021

Kaiserstraße 14 b
D-80801 München
ISBN: 978-3-7670-1842-6

BILDNACHWEIS

Titelillustrationen:
K3Star, Keep Calm and Vector, ctrlaplus;
Foodfotografie:
Barbara Bonisolli, München (S. 57);
Studio Diercks Media GmbH (Silje Paul, Kai Boxhammer), Hamburg (17, 29, 35, 63, 73, 93, 109, 115, 119, 131, 133, 141, 149, 153, 157, 169);
Eising Studio Food Photo & Video, München (S. 7, 9, 27, 39, 41, 43, 47, 51, 55, 69, 83, 91, 127, 137, 163, 173, 177, 179);
Kramp + Gölling, Reeßum-Platenhof (S. 13, 15, 23, 31, 45, 49, 53, 59, 61, 65, 67, 71, 75, 77, 81, 89, 95, 97, 101, 105, 107, 111, 113, 117, 123, 125, 129,135, 139, 143, 147, 151, 155, 159, 161, 167, 171, 175);
Antje Plewinski, Berlin (S. 6, 21, 25, 37, 79, 85, 87, 99, 145, 165)
Winkler Studios; Bremen (S. 19, 33, 103)